相鉄大全

相模鉄道のすべてがわかる!

[監修]生田 誠／岡田 直

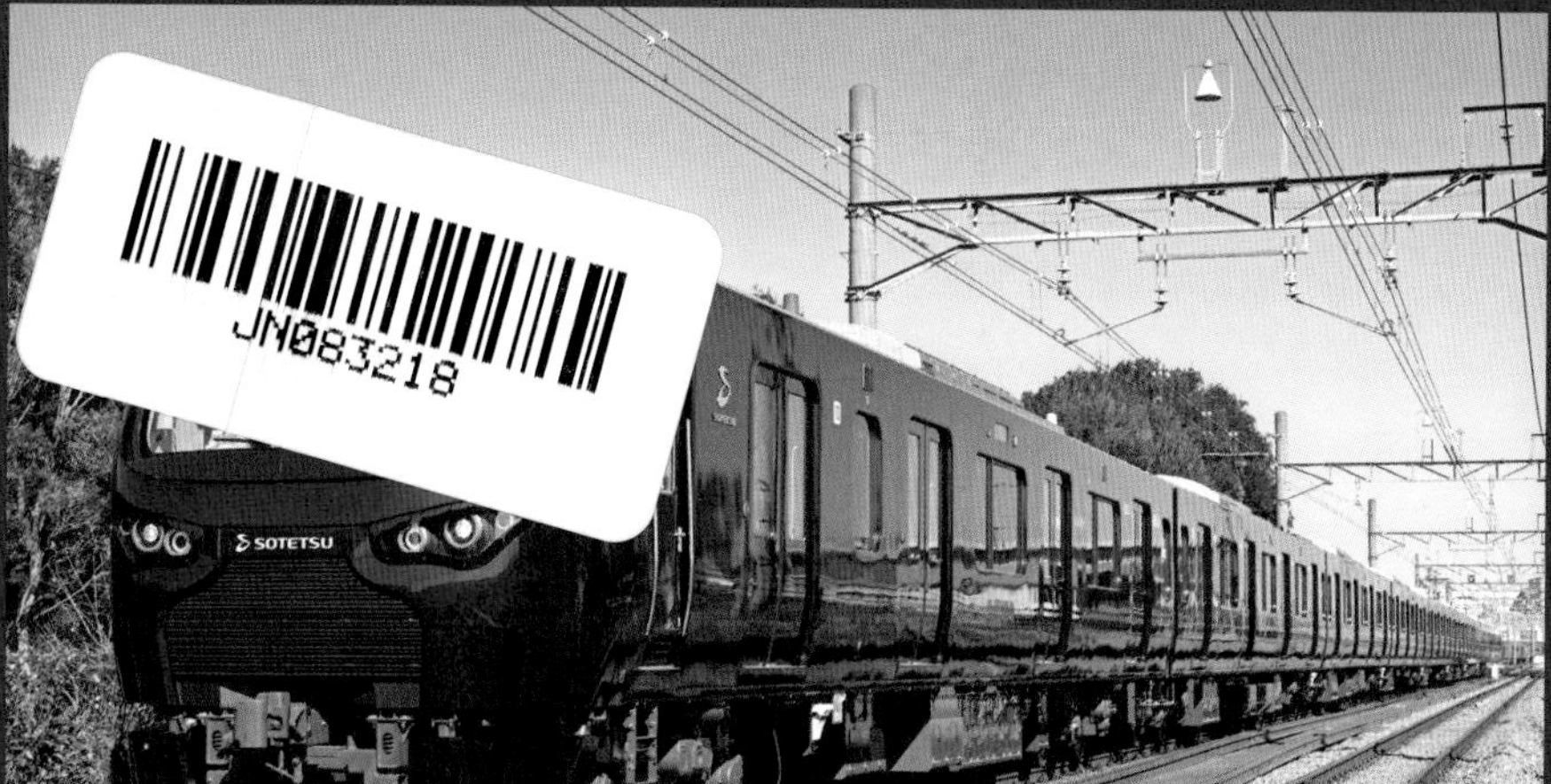

辰巳出版

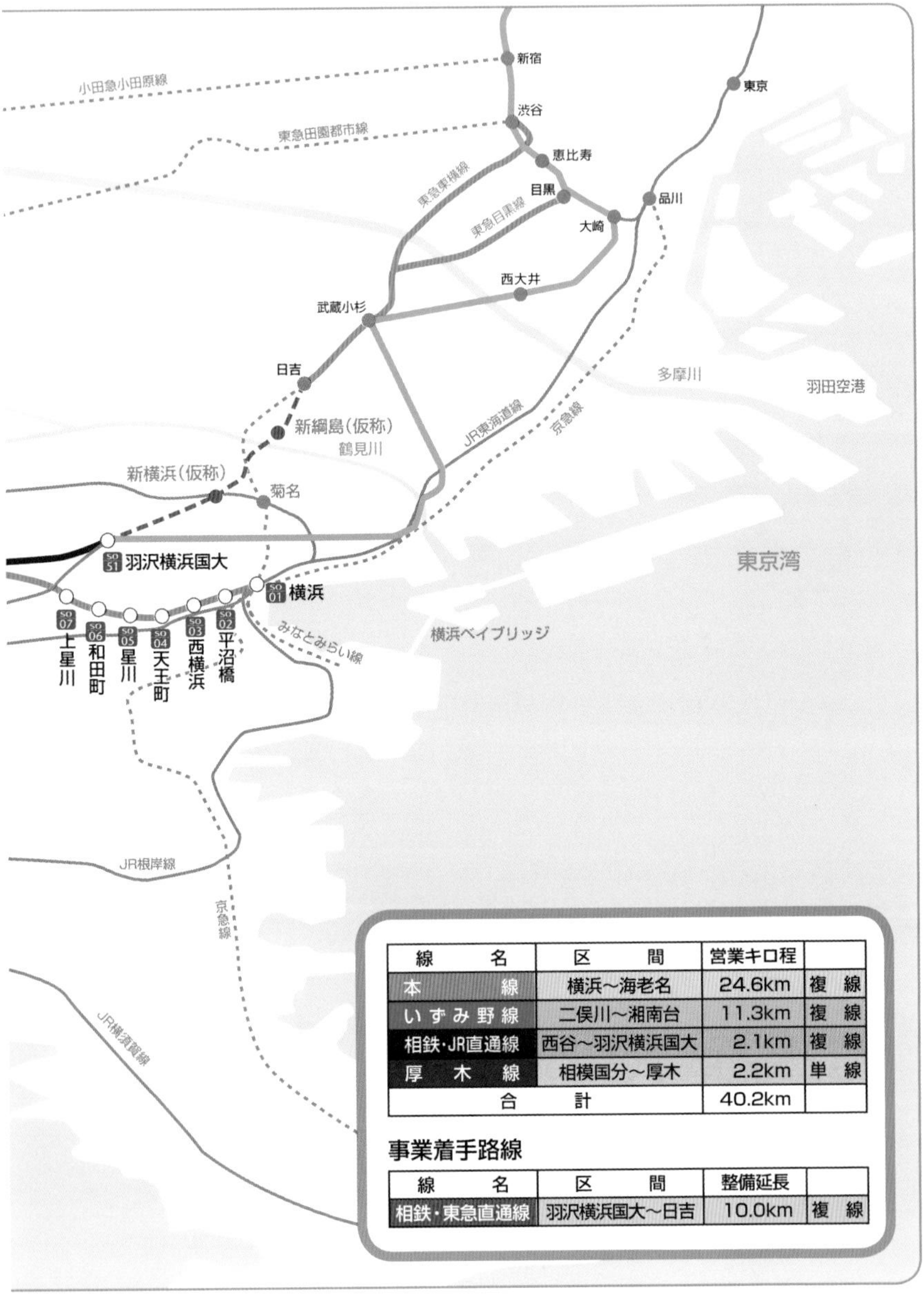

線　　名	区　　間	営業キロ程	
本　　線	横浜～海老名	24.6km	複　線
いずみ野線	二俣川～湘南台	11.3km	複　線
相鉄・JR直通線	西谷～羽沢横浜国大	2.1km	複　線
厚　木　線	相模国分～厚木	2.2km	単　線
合　　計		40.2km	

事業着手路線

線　　名	区　　間	整備延長	
相鉄・東急直通線	羽沢横浜国大～日吉	10.0km	複　線

相模鉄道路線図

本線
いずみ野線
相鉄・JR 直通線
(2019年11月30日開業)
厚木線
相鉄・東急直通線
(2022年度下期開業予定)
JR線(関連路線)
東急線(関連路線)
JR線
私鉄他社線
貨物駅
橋本
町田
長津田
相模大野
中央林間
JR横浜線
本線
SO08 西谷
SO09 鶴ケ峰
SO10 二俣川
SO11 希望ケ丘
SO12 三ツ境
SO13 瀬谷
SO14 大和
SO15 相模大塚
SO16 さがみ野
SO17 かしわ台
SO18 海老名
相模国分
厚木
JR東海道貨物線
SO31 南万騎が原
いずみ野線
SO32 緑園都市
SO33 弥生台
SO34 いずみ野
SO35 いずみ中央
SO36 ゆめが丘
SO37 湘南台
東戸塚
戸塚
大船
JR相模線
相模川
小田急江ノ島線
茅ケ崎
藤沢
JR東海道線
相模湾
江の島

創業100周年 生まれ変わる相模鉄道

神中鉄道で活躍した蒸気機関車で「神中3号」と呼ばれている。1926年に導入され、相鉄線を引退後は福島県の私鉄で働いていたが、1966年に里帰りし、車両センターに保存されている（相鉄グループ提供）。

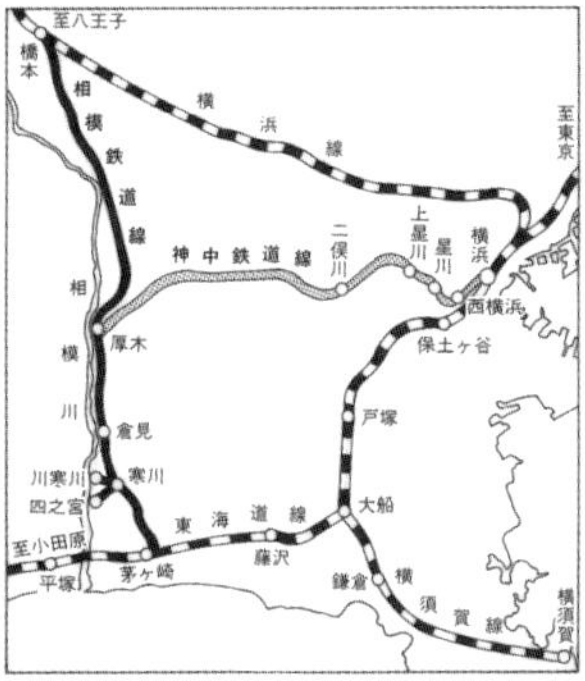

全線開通時の神中鉄道線、相模鉄道線の地図。1943年に相模鉄道が神中鉄道を吸収合併するも、翌年相模線は運輸通信省に買収されてしまう（『相鉄グループ100年史』より）。

【創業期】

1917	神中軌道株式会社、相模鉄道株式会社創立
1919	神中鉄道：商号を神中鉄道株式会社に変更
1921	相模鉄道：茅ヶ崎〜寒川駅間が開通。寒川〜川寒川駅間の貨物線が開通
1922	相模鉄道：四之宮砂利支線寒川〜四之宮駅間の貨物線が開通
1925	神中鉄道：相陽鉄道から免許権を譲り受け、省線平塚停車場〜伊勢原〜厚木停車場、伊勢原〜大山駅間の敷設が許可される
1926	神中鉄道：二俣川〜厚木駅間が開通。砂利の採取販売を開始 二俣川〜星川（現・上星川）駅間が開通 相模鉄道：寒川〜厚木駅間が開通
1927	神中鉄道：星川〜北程ケ谷（現・星川）駅間が開通
1929	神中鉄道：北程ケ谷〜西横浜駅間が開通
1931	神中鉄道：西横浜〜平沼橋駅間が開通 相模鉄道：厚木〜橋本駅間が開通。これにより茅ヶ崎〜橋本駅間の全線が開通
1933	神中鉄道：平沼橋〜横浜駅間が開通。これにより厚木〜横浜駅間の全線が開通

5000系が1955年に運行を開始。片側3カ所の片開きドアを持つ、いわゆる通勤形の車体となっている（相鉄グループ提供）。

横浜駅西口にオープンした横浜駅名品街と髙島屋ストア。新駅舎の開業と相まって、地域住民に愛されたほか、横浜の新たな名所となった。「横浜駅名品街」という名称は市民からの懸賞募集によって決定した（相鉄グループ提供）。

	1941	神中鉄道・相模国分～海老名駅間が開通。これに伴い、厚木～相模国分駅間の旅客営業を廃止
		小田原急行鉄道線（現・小田急電鉄小田原線）相模厚木駅（現・本厚木駅）への乗り入れ開始
	1943	相模鉄道、神中鉄道を吸収合併
【形成期】	1944	茅ヶ崎～橋本駅間および寒川～四之宮駅間が国有化（現・JR相模線）
		横浜～海老名駅間の全線を電化
	1945	相模鉄道、鉄道業の経営を東京急行電鉄に委託（1947年解除）
【拡張期】	1951	西横浜～上星川駅間を複線化
	1952	休止中の常磐園下駅を和田町駅として営業再開
		上星川～希望ケ丘駅間を複線化
	1955	5000系運行開始
【成長期】	1956	横浜駅名品街と髙島屋ストア（後の横浜髙島屋）がオープン
	1957	横浜～西横浜駅間を複線化
		横浜～海老名駅間で初の準急を運転開始
	1958	希望ケ丘～三ツ境駅間を複線化
	1960	横浜～海老名駅間で「おかいもの電車」を運転開始

アルミ車体試作車のモハ6021。この後に2100系、5000系、7000系などがアルミ製の車体で製造されている。

6000系は、当時の最新技術を取り込んだ意欲作（相鉄グループ提供）。

1990（平成2）年に行われたいずみ中央開業式の様子（相鉄グループ提供）。

【成長期】

1960	三ツ境～大和駅間を複線化
1961	6000系運行開始
1964	大和～相模大塚駅間を複線化。準急を急行として運転開始
	小田急小田原線本厚木駅への直通運転を廃止
1966	相模大塚～大塚本町駅間を複線化
	平日の日中に急行が運転開始
1967	大塚本町～電車基地間を複線化。アルミ車体試作車のモハ6021が登場
1970	2100系アルミ車が登場
	新6000系運行開始
1972	5100系に初の自動開閉窓付車両が登場
1973	「相鉄ジョイナス」開業
	電車基地～相模国分駅間を複線化
1974	相模国分～海老名駅間を複線化して全線を複線化
1975	5000系車両のアルミ化が完了
	7000系運行開始
1976	いずみ野線二俣川～いずみ野駅間が開通
1983	横浜駅乗り入れ50周年を記念して「ほほえみ号」を運転開始
1984	神中鉄道時代の客車「ハ20形ハ24号」をかしわ台電車基地に保存

相鉄・東急直通線用車両20000系。2019年鉄道友の会「2019年ローレル賞」を初受賞した（相鉄グループ提供）。

「デザインブランドアッププロジェクト」の一環としてリニューアルされた二俣川駅の内部の様子。全体の色を落ち着いたトーンに統一している（相鉄グループ提供）。

2014年より、相模鉄道のキャラクターとして登場した「そうにゃん」。毎年違うデザインのラッピング車両は、外装だけでなく内装もそうにゃんがモチーフになっている（相鉄グループ提供）。

【成長期】	1985	全駅のホームに誘導ブロックを設置
	1986	新７０００系運行開始
	1989	新７０００系電車に相鉄初のセミクロスシートを採用
	1990	いずみ野～いずみ中央駅間開通
		８０００系運行開始。保有稼働客車数が４００両になる
	1993	９０００系運行開始
	1999	いずみ中央～湘南台駅間を開通。快速の運行開始
【現代】	2002	１００００系運行開始
	2009	１１０００系運行開始
	2014	相模鉄道キャラクター「そうにゃん」登場
		特急の運行開始
	2015	「デザインブランドアッププロジェクト」本格始動
	2016	９０００系リニューアル車両運行開始
	2017	相鉄グループ創立１００周年
	2018	２００００系運行開始
	2019	相鉄・ＪＲ直通線が開通、相鉄線が１２０００系運行開始。新宿方面に乗り入れ開始

各駅停車
新宿
Shinjuku
12101
ID-91
SOTETSU

誕生からすでに1世紀を超えた相鉄は、神奈川県民の誇りとも言うべき存在だ。神中鉄道と相模鉄道の合併以来相鉄本線、そしていずみ野線は、神奈川県を横断する沿線住民の足となってきた。

そんな相鉄がいま、大きく変わりつつある。令和の到来とともにJRへの直通線が開業し、さらに東急への乗り入れも間近に控えているのだ。長年の悲願であった都心直結がいよいよ現実のものに。

それと同時に、相鉄電車のイメージにも大変革が訪れている。かつて「相鉄カラー」と呼ばれた緑の車両や、相鉄のSがモチーフの「赤帯」、お馴染みのシルバーボディなどを経て、現在は「YOKOHAMA NAVYBLUE」が主流になろうとしている。そんな相鉄は常に、独自の技術や独創的なデザインの車両にこだわってきた。また、利用客目線のサービスも高い評価を受けている。

本書では、そういった魅力あふれる相模鉄道について、歴史と未来、車両や駅、沿線のいろいろなど、余すところなく紹介する。この本をきっかけに相鉄愛がさらに深まっていただけたら、これに優る喜びはない。

写真提供：相鉄グループ

目次

第4章 相鉄線トリビア

本書の情報は2020年5月現在のものです。すでに更新されている情報もございます。

相鉄グループ提供

1927年に開通した神中線を持つ神中鉄道は、路線の変更や延伸を経て相模鉄道と合併。戦時中の大東急への運営委託の後、1947年に相鉄線が独立した。現代になってからはいずみ野線の建設、最近の都心への直通運転と、利便性が格段に向上したのは言うまでもない。沿線住民から愛されてきた鉄道、相鉄線の歴史と未来がここにある。

第1章

相模鉄道の歴史と未来

相模鉄道概要

合併前の神中鉄道路線案内。この路線が後の相模鉄道本線の基盤となる（生田誠氏提供）。

時代に求められ発展した鉄道

日本での鉄道の歴史を紐解くと、そのはじまりは1869（明治2）年にまで遡る。当時の日本政府が、東京～京都間を結ぶ幹線と、東京～横浜間、京都～神戸間、琵琶湖畔から敦賀までを結ぶ、3つの支線の建設を決めた。そして3年後、最初の路線である新橋駅から横浜駅までが完成し営業を始めた。

これを皮切りに、国内に鉄道網が広がったのだが、当時は官設鉄道以上に私設鉄道が急速にその数を増している。明治維新後の急成長する産業を動脈として支える鉄道網は、非常に高い需要があったのだ。そのため、数多くの企業が鉄道の敷設に名乗りを上げた。

しかし、1906（明治39）年

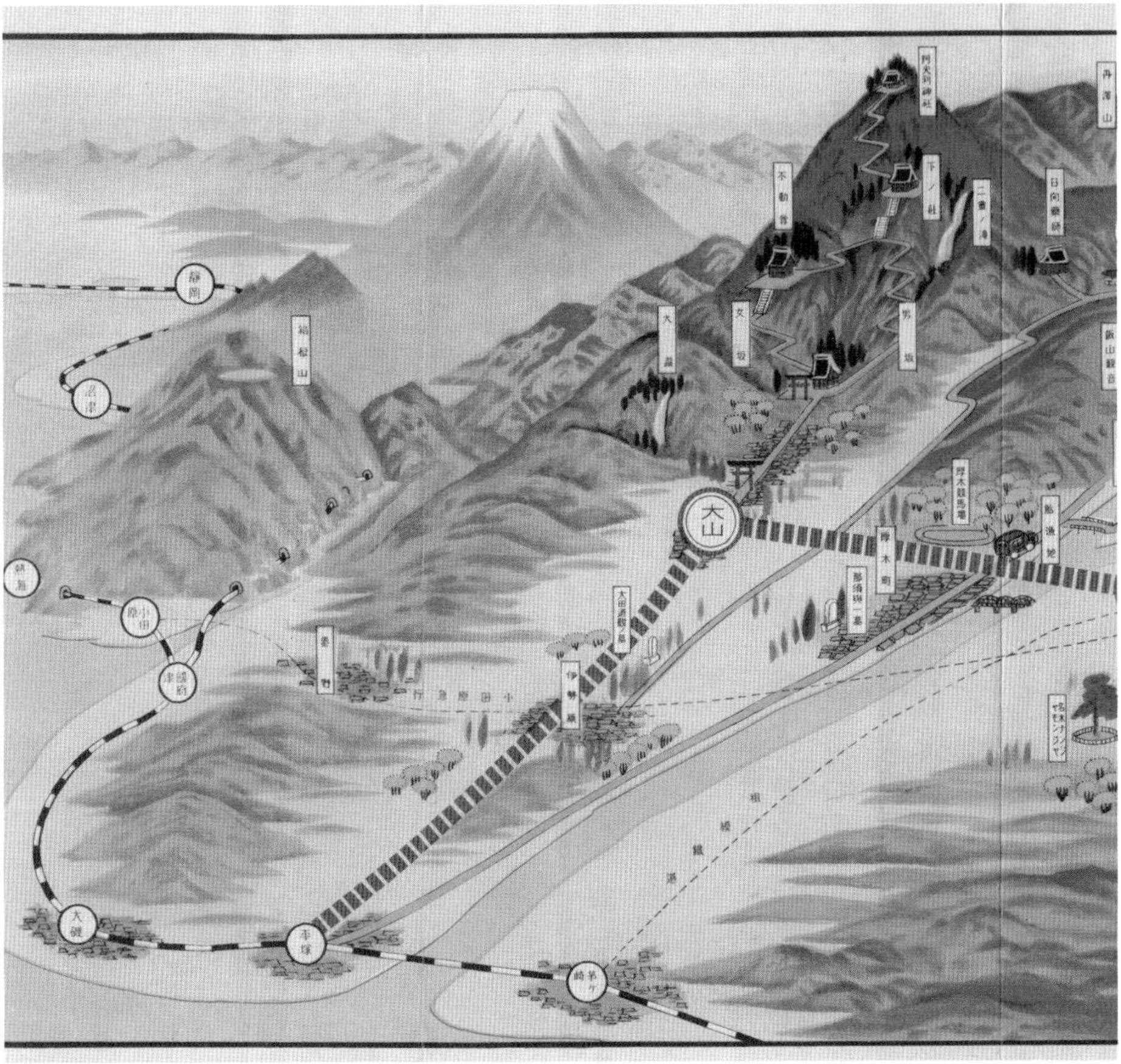

4月、この動きにもストップがかかる。鉄道国有法が施行され、幹線の多くが国有化されたのだ。その結果、私設鉄道は地方鉄道や郊外鉄道としての道を歩み始め、地方の鉄道は発展を遂げていった。

神奈川県内でも、1900（明治33）年の私設鉄道法をはじめ、他の法令や条例に基づいて多くの鉄道が敷設された。現在の京浜急行電鉄、箱根登山鉄道、江ノ島電鉄、東日本旅客鉄道横浜線などもその一部だ。

その後、1919（大正8）年には時代の変化に合わせて私設鉄道法を廃止、代わって地方鉄道法が施行され、新たな地方鉄道が誕生した。現在の相模鉄道もそのひとつ。こうして今につながる都市近郊線が誕生・発展していくこととなったのだ。

相模鉄道と神中鉄道　2社のはじまり

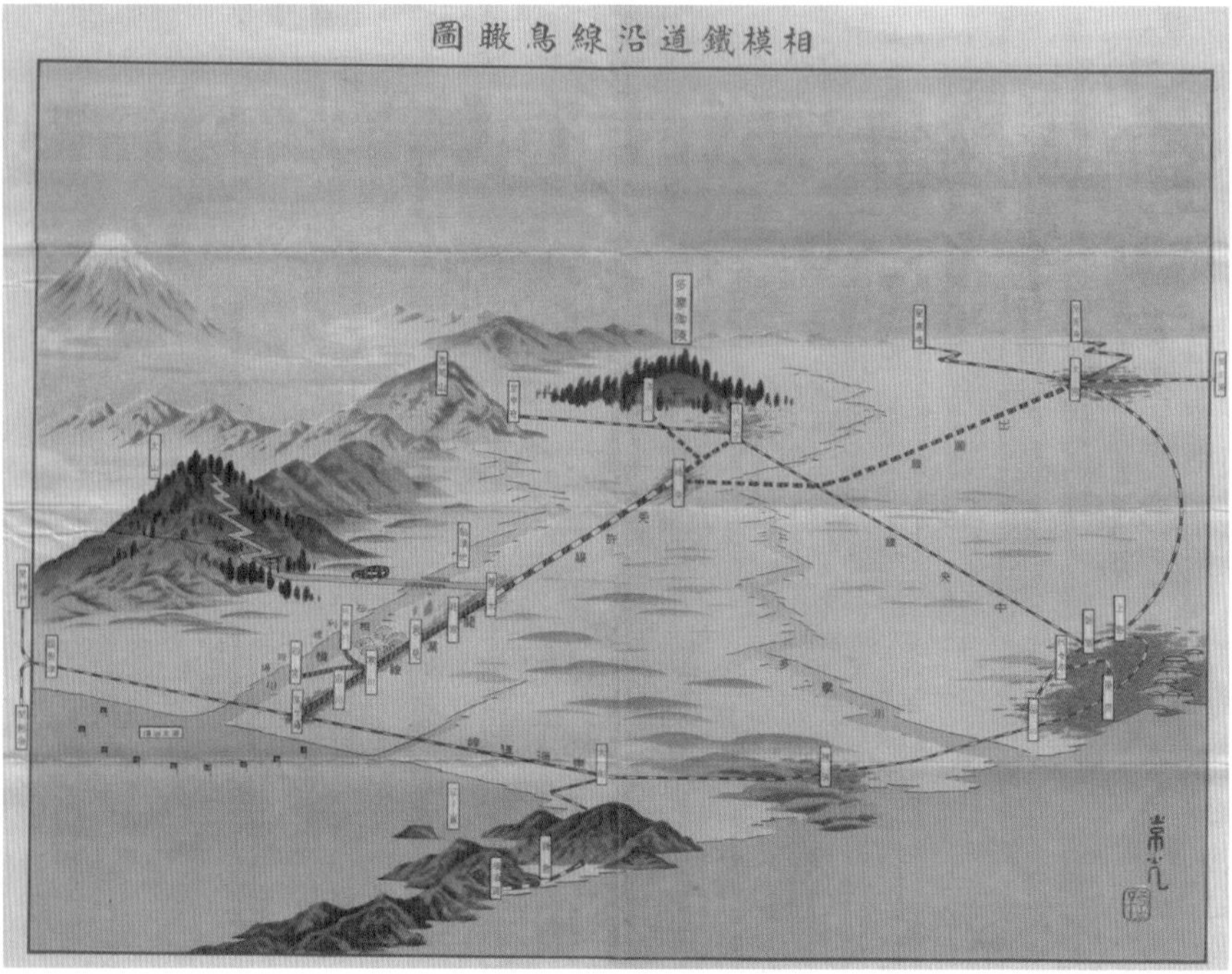

神中鉄道と合併する前の相模鉄道線路見取図（生田誠氏提供）。

現在の基盤となる路線の建設

現在、相鉄本線という名前で走っている相模鉄道の路線だが、実は１９２６（大正15）年５月、二俣川〜厚木駅間は神中鉄道という鉄道会社の路線として開通している。相模鉄道は別の会社として存在しており、そちらが運営していたのは、現在ＪＲ相模線となっている。

神中鉄道は１９１５（大正４）年、神奈川県中央部の有志たちが鉄道敷設を請願し、その２年後に生まれた会社だ。横浜地区と厚木付近を路線で結び、諸取引を速やかにすること、沿線を開発することなどを目的としており、当初の計画では、横浜久保町から保土ケ谷元町、二俣川、海老名柏ヶ谷を経て海老名河原口まで通じる予定だった。

しかし１９２０（大正９）年頃、大体の予定がまとまったところで、終点を置こうとしていた省線（鉄道省や運輸通信省・運輸省が管理した鉄道のこと）保土ケ谷停車場が貨物専用になるという計画が生まれた。そのため、当時の横浜駅に終点を置くことにした。ただし、関東大震災の被害を受けた横浜駅の移転に伴いルートを変更することに。こうして変更を繰り返した後、路線が確定し、1933（昭和8）年、横浜駅への乗り入れによって全線開通したのが、現在の相鉄本線のルートだ。

奇しくも当時の相模鉄道が会社を創立したのも、神中鉄道と同年だった。こちらは相模川流域の経済発展に寄与するとともに、東海道線と中央線を短絡すべく、茅ヶ崎から北に線路を延ばし、橋本で当時の横浜鉄道と接続しようと計画されている。

実際に、茅ヶ崎から寒川までが開通したのは1921（大正10）年。その後の延伸に向けて、一時は資金難に陥ったのだが、1923（大正12）年の関東大震災からの復興の影響で、以前から行っていた砂利の採取運搬・販売事業が活況になる。1926（大正15）年には厚木までの路線を開通させた。さらに5年後の1931（昭和6）年には工事を完了し、橋本へと向かう路線の敷設を開始。全線を開通させたのだ。

まるで相模川を境にして分けあったかのように、厚木を起点に東と西に伸びる路線をそれぞれ持つことになった。

神中鉄道路線図の表紙（生田誠氏提供）。

合併、大東急時代を乗り越えたスタート

戦後まもなく活躍していたモハ1000形は、東急から譲り受けた車両である（相鉄グループ提供）。

現在に続く相模鉄道のはじまり

全線開通後の神中鉄道の経営は、順調とは言いがたかった。横浜駅への接続直後は旅客収入も大きく増加したが、その後の会社全体の業績は衰えをみせる。さらに１９３７（昭和12）年に日中戦争が始まると、輸送力の不足に拍車がかかった。

これに対して、当時の東京横浜電鉄は積極的に周辺の鉄道路線の統合を進め、余剰な資材が豊富にあったため、大半が未電化状態の神中鉄道に目をつける。同社は１９３９（昭和14）年、神中鉄道の株式の大半を取得。臨時株主総会を開き、東京横浜電鉄の社長・五島慶太が神中鉄道の社長に就任し、神中鉄道を傘下に収めた。

一方の相模鉄道は砂利事業は比較的好調だったものの、１９４０（昭和15）年頃、暗雲がたちこめ始める。当時の主要株主は同業の昭和産業で、この社長である伊藤英夫は相模鉄道の取締役でもあった。その伊藤が急死し、持ち株が大量に放出される。これを買い入れたのが東京横浜電鉄、五島慶太だ。彼は相模鉄道の社長に就任。神中鉄道と相模鉄道の双方の代表を、五島慶太が務めることになった。

その後１９４３（昭和18）年に相模鉄道が神中鉄道を

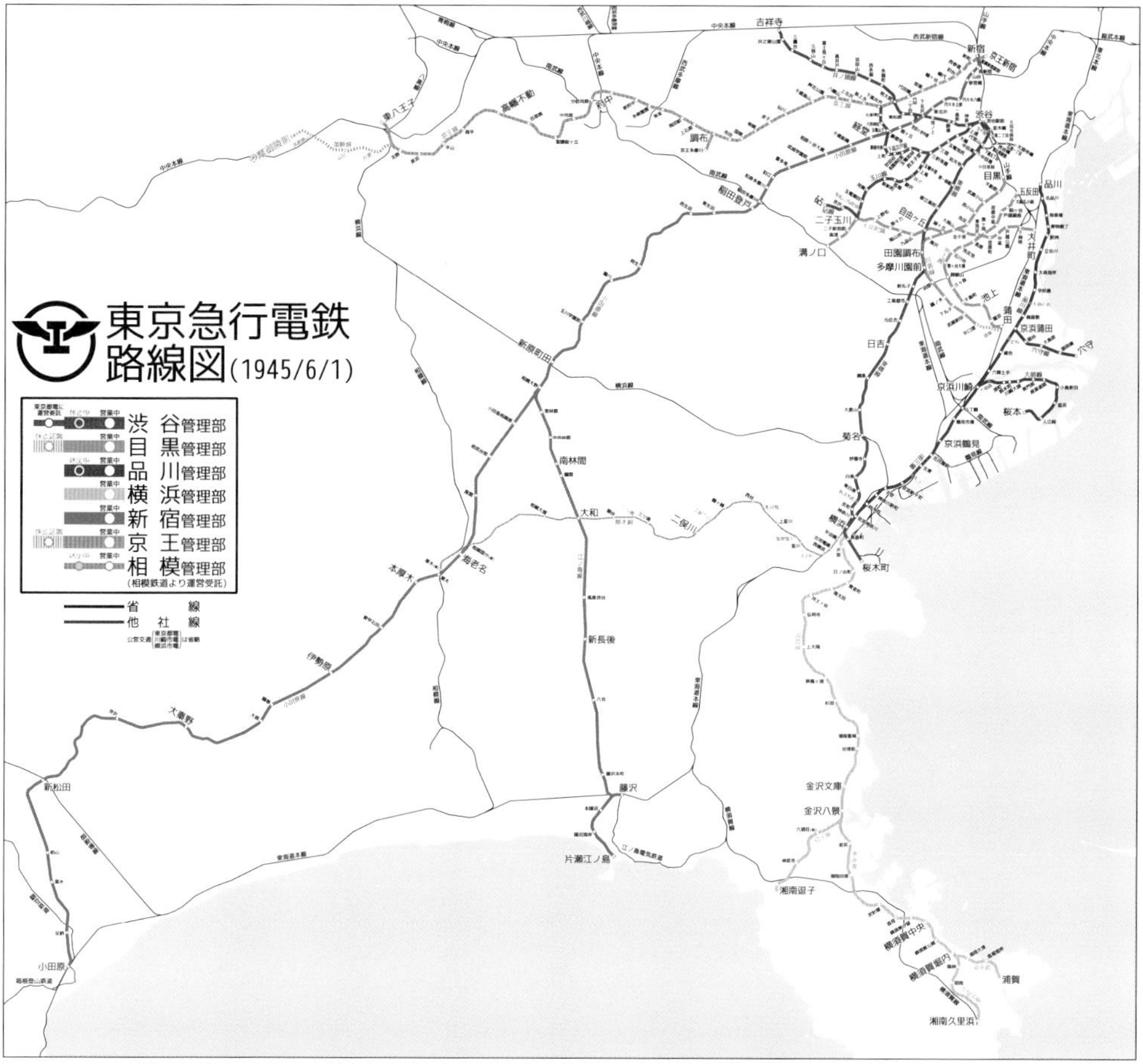

1945（昭和20）年大東急の路線図。戦時中は私鉄が統合され、東京急行電鉄が発足していた。

吸収合併した。しかし、国家総動員法の下、相模鉄道「相模線」は国に買収されてしまう。旧神中鉄道線だけで稼働することになった相模鉄道だが、戦争の被害が増大するなか、国からは輸送力の強化を求められる。だが人員も設備も足りず、1945（昭和20）年、余剰のある東京急行電鉄、いわゆる大東急に鉄道業の営業を委託することになった。この営業委託は1年間の予定だったが、委託を始めたわずか3カ月後に日本は敗戦を迎え、混乱のなかそのまま継続に。結局、東京急行電鉄から相模鉄道が鉄道業の委託経営を解除したのは1947（昭和22）年になってからだった。

いずみ野線の建設と延伸事業

いずみ中央駅開業式の様子。いずみ野〜いずみ中央間の営業を開始した（相鉄グループ提供）。

鉄道業の拡大と充実 新線誕生

１９７６（昭和51）年の4月、沿線開発などを行ってきた相模鉄道に、新たな路線が加わった。二俣川駅から南西に向けて大きくカーブを描きながら進むいずみ野線だ。現在はそのまま湘南台駅につながっているが、開通当初は二俣川からいずみ野駅までの4駅しかなかった。

開通計画を申請したのは１９６７（昭和42）年。この沿線、当時の横浜市戸塚区は都市の周縁区域としてドーナツ化に伴う開発対象地域に含まれていたのだが、鉄道の便に恵まれていなかった。そこに相模鉄道が目をつけたのだ。しかし用地買収は難航する。公共事業ということで法的措置をとって進めることもできたが、将来的な開発のことも考え、地道な交渉を行い、用地買収を進めていった。

１９７５（昭和50）年に用地取得を完了した相模鉄道は、同年中に4駅を完成させ、翌年１９７６（昭和51）年にいずみ野線を開業した。駅と路線の開発では沿線住民に強く配慮しており、踏切がなく安全な立体交差としたほか、騒音や振動が極力起こりにくいように設計されている。また、各駅ごとのテーマカラーで駅舎とコンコースを統一したり、将来の利用増にも対応できる広さを持たせるなど、その後の沿線開発をしっかりと見据えた設計が行われていた。

１９８４（昭和59）年になると、いずみ野線の延伸計画が発表される。すでに最初の開通から８年が経過していたが、これは東海道線の複々線化により混雑が解消されており、急いでいずみ野線を延伸する必要がなかったことや、地価や工事費が高騰していたことによる。しかしその一方で沿線住民からの強い要望や、交通渋滞緩和への期待を踏まえ、延伸に向けて動き出すことになったのだ。

この工事は非常に高額の費用が求められるものだったが、条件が整えば１駅でも延ばすべきだという社の方針の下で計画は進行。１９９０（平成２）年にはいずみ中央駅を開業。その９年後には、小田急江ノ島線の湘南台駅まで開通させ、中間にはゆめが丘駅を設置した。他線と接続したことで、利便性は大きく上昇している。

ぽけっと

相鉄 広報課 横浜市西区北幸1-3-23 ☎045-319-2057 6

お待たせしました
いずみ野線、いよいよ開通。

いずみ野駅

いずみ野線、南へ南へ

近年めざましい発展を続ける、わたくしたちの神奈川県。その加速度的な広がりの中で、比較的開発の遅れていた横浜市西部地区に、地域の発展という大きな期待を担って、いよいよ相鉄新線第一期「二俣川〜いずみ野間」6kmが開通しました。
交通の利便はもとより、沿線を拠点とする新しい生活の場（ヒューマンコミュニティ）を、地域の人々と共に拡げ、地区全体の発展に貢献する…この願いをこめて、相鉄「いずみ野線」は力強く発車したのです。

弥生台駅付近を走る6000型

トンネルの多いわけ

「いずみ野線」に乗ると、全線の半分近くがトンネルの中を走ることに気づきます。これは線路の直線化を保ち、高速運転を維持するという大きな役目を担っています。と同時に、緑を残し周辺の環境を破壊しないという前提にたったとき、そしてまた、少しでも騒音を防止しようとしたとき、当然のようにこのような結果が生れたのです。
このほか「いずみ野線」には、沿線ぞいの植樹や公園の確保、さらには騒音防止をはかるため路床に特殊なクッションを敷きつめるなど、環境保全に最大の配慮がなされています。

踏切は
ひとつもありません

「いずみ野線」のもうひとつの大きな特徴は、踏切がまったくないということです。道路との交差は、すべて立体になっているからです。これは万全の安全対策のためで、踏切事故はいっさい起らない設計というわけです。
また、各駅にはITVカメラを設置し、ホームの安全にも十分な配慮がなされています。

個性ある4つの駅

「いずみ野線」の4つの駅には、それぞれテーマ・カラーがあります。駅舎やコンコースなどがひとつの色で統一されています。
また、各駅に植えられている樹木も、種類に特色をもたせています。駅を見分けやすくしたり、風雨や防火上の目的でもあるのですが、いちばんのねらいは、ともすれば失われがちな緑を確保しようという願いがこめられているのです。
池に泳ぐ金魚や鯉、花壇に咲く色とりどりの草花…利用するお客さまに、きっと喜んでいただけることでしょう。
さらに将来の輸送量も考え、長く造られたホームや増設スペースを持つ駅舎など、すべてに10年、20年先を考慮して設計された、近代的な4つの個性ある駅なのです。

騒音防止のためのトンネル

記念乗車券を
発売します

「いずみ野線」の開通を記念して、4月8〜4月30日まで、相鉄線全駅で記念乗車券を発売いたします。定価300円で、美しいカラーの写真とイラストが入っています。

相鉄広報部が発行していた「ぽけっと」。いずみ野線が開通する際の紙面（生田誠氏提供）。

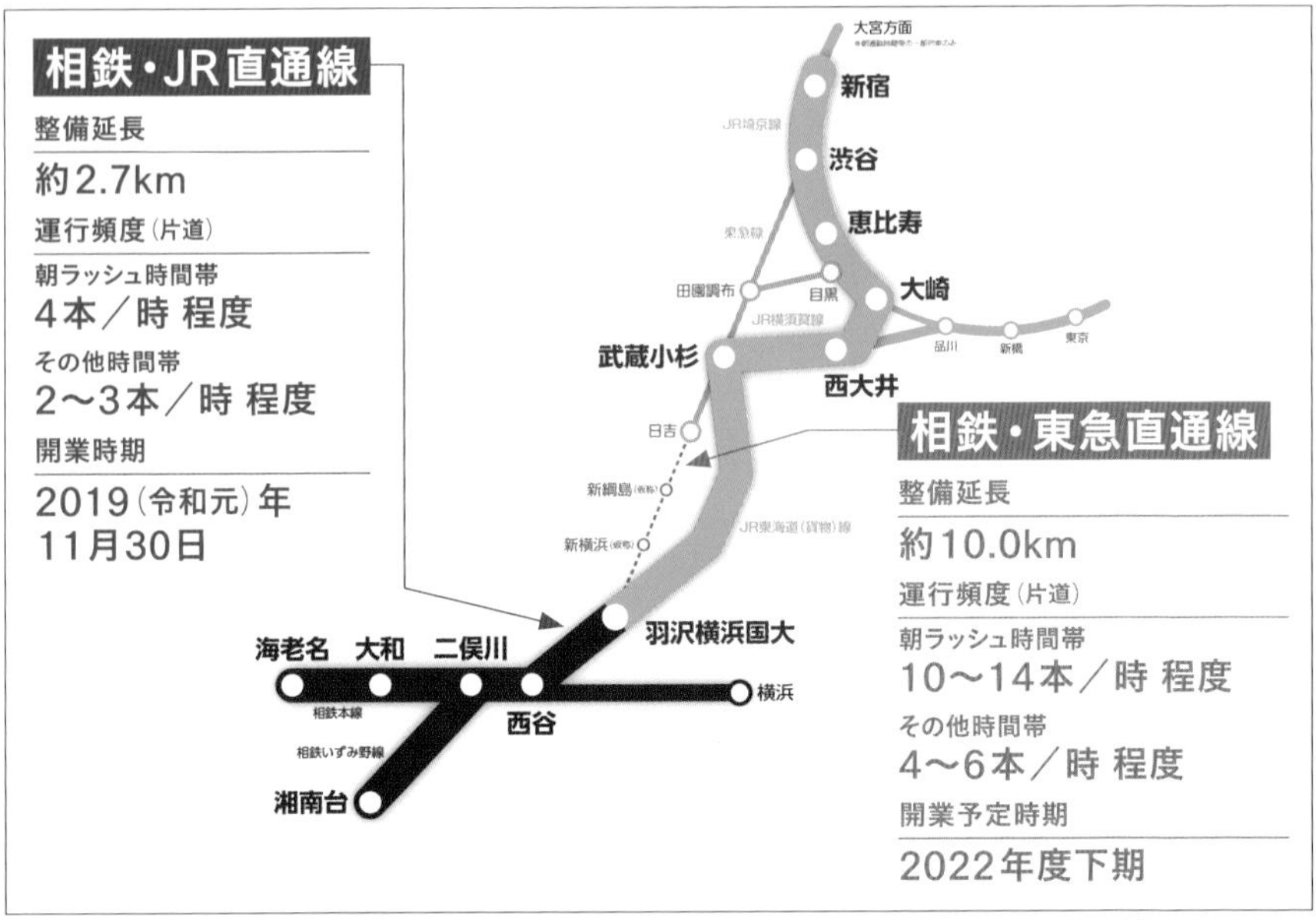

相鉄・ JR直通線、相鉄・東急直通線 路線図（相鉄グループのウェブサイトを参考に編集部作成）。

首都圏の大手私鉄で唯一、東京に直通していなかった相鉄

1917（大正6）年以降にスタートした相模鉄道。その歴史は長く、2017（平成29）年には創立100周年を迎えた。神奈川県を中心にこれだけ長く愛され続け、相鉄本線といずみ野線という2つの路線を持つ大手鉄道会社なのだが、実はつい先日まで、首都圏の大手私鉄のなかでは唯一、東京都内へ乗り入れていなかった。

この状況が変わったのが、2019（令和元）年11月30日のこと。西谷駅から連絡線を伸ばし、その先に羽沢横浜国大駅という新駅を開設。ここを通じてJR線へと直通する路線がつくられた。

この直通線の構想が本格的に検討がなされたのは2000（平成12）年のこと。その後、2010（平成22）年には起工式が行われた。当初は2015（平成27）年に開業する予定だったが、予想以上に建設工事が難航し、その結果2019年に開業したのだ。相鉄線沿線から都心に向かう通勤・通学客たちからすると、この新たな試みは心から歓迎すべきものだ。たとえば二俣川駅から新宿駅へと向かう場合、必ず電車を乗り換える必要があった。朝ラッシュ時の混雑は凄まじく、そ

れだけで体力が奪われかねないほどだ。しかし直通線なら、乗り換えることなくそのまま新宿駅まで運んでくれる。乗り換えがひとつなくなっただけでも、通勤・通学はずっと快適になるだろう。

しかし「都心直通プロジェクト」はまだ終わってはいない。2022年度下期には、同じく羽沢横浜国大駅から新たな路線を延ばして2つの新駅（新横浜〔仮称〕、新綱島〔仮称〕）を開設し、そこから日吉駅まで連絡、東急線への直通運転を予定している。これらふたつの新駅と羽沢横浜大国駅周辺地域は、こうした延伸や再開発によって、今後さらに活性化していくことが期待されている。

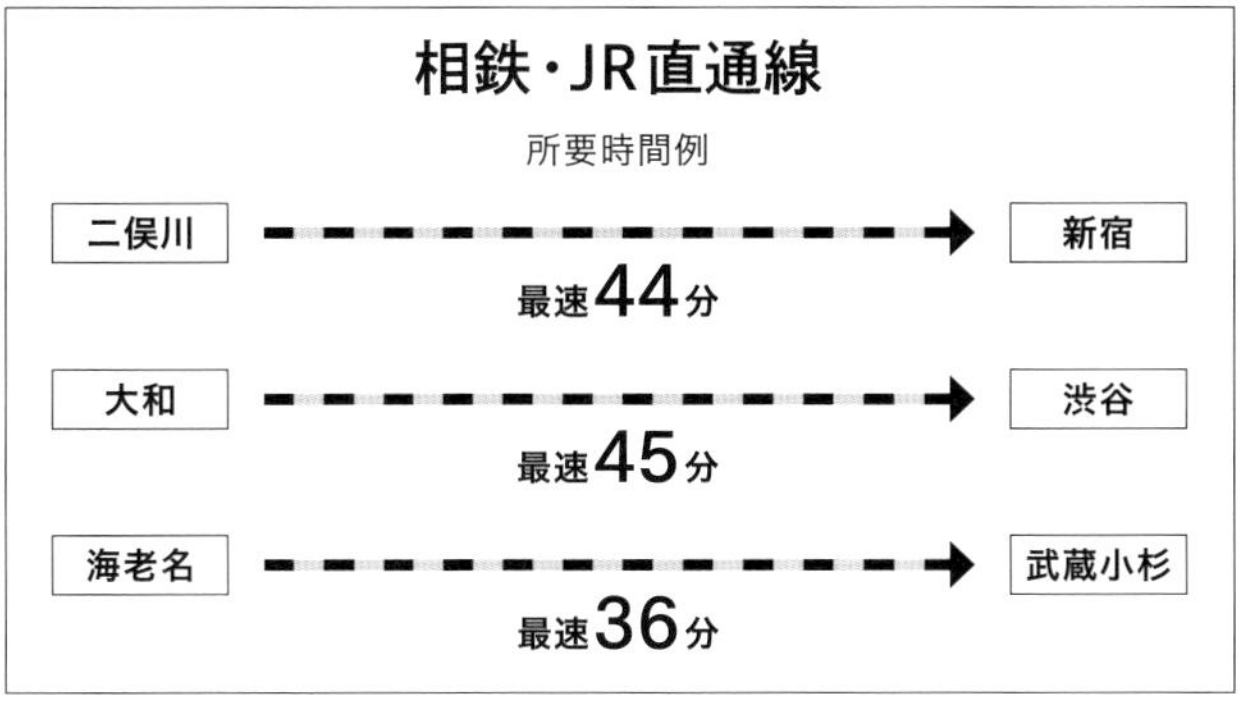

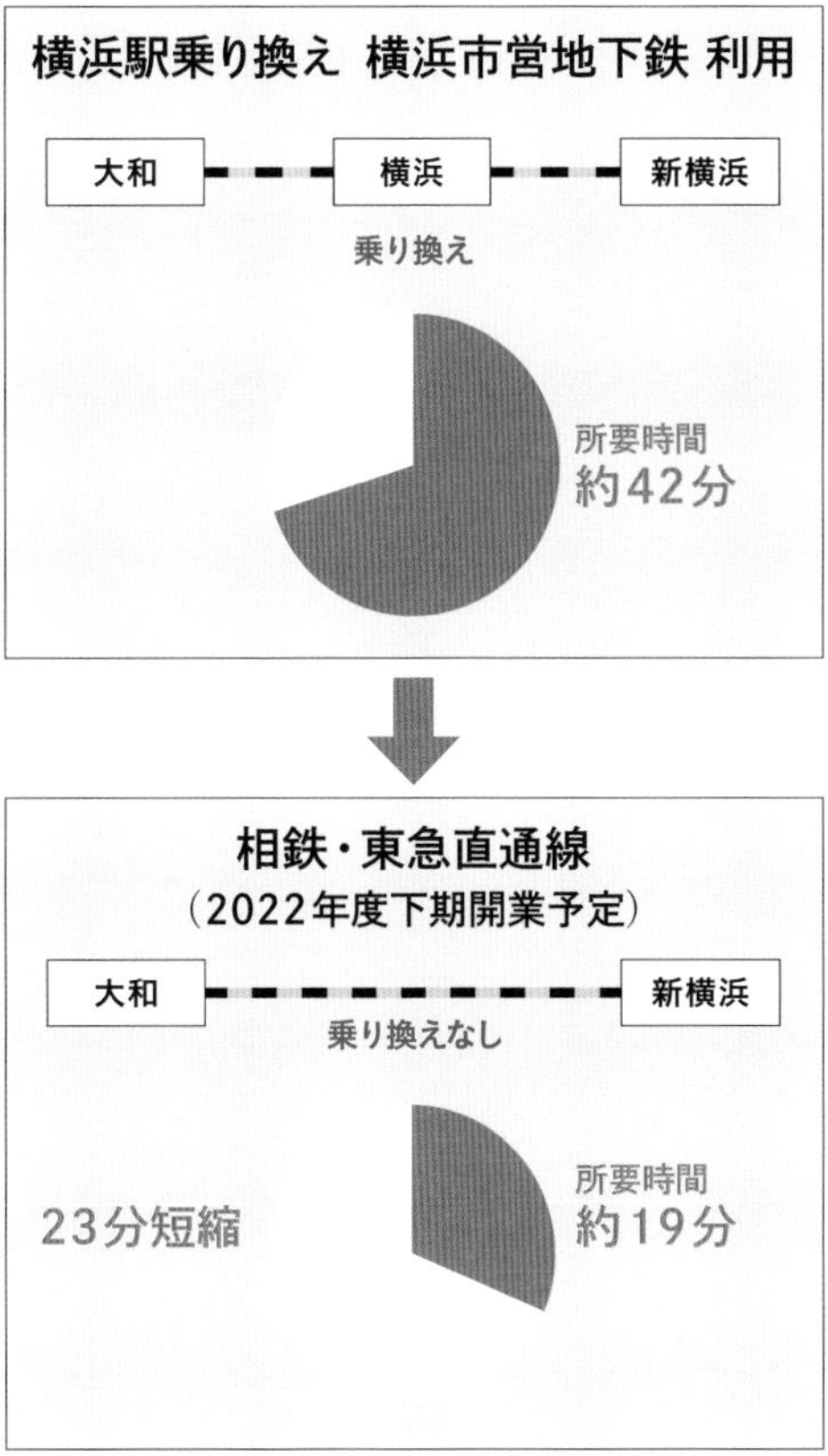

相鉄・JR直通線、相鉄・東急直通線が開通することで、所要時間がぐっと短縮されることになる（相鉄グループのウェブサイトを参考に編集部作成）。

リノベーションと再開発プロジェクト

二俣川駅に隣り合うJOINUS TERRACE（ジョイナステラス）二俣川。

沿線とともに進化する街

相鉄グループが進める「進化」は鉄道に限ったことではない。沿線地域では、複数の街の再開発にも積極的に関わっている。そのひとつが「二俣川駅南口地区第一種市街地再開発事業」だ。相鉄線の都心への直通運転に備えて再開発が行われ、駅舎も大胆にリニューアル。同開発事業により整備された「COPLE《コプレ》二俣川」の商業棟と二俣川駅上部に増築した商業エリアの2つの建物で構成される「JOINUS TERRACE二俣川」を開業し、街の中枢になった。この駅周辺は横浜市の重要な生活拠点であり、この再開発で人の流れも大きく変わるだろう。

横浜駅西口でも「横浜駅きた西口鶴屋地区第一種市街地再開発事業」が動いている。よりグローバルなビジネスを牽引する街を目指し、海外からの中長期滞在者向けの住居、ホテル、商業施設などを併設した複合施設の設置が計画され、2024（令和6）年春には完成する予定で、相鉄グループの相鉄アーバンクリエイツが事業の事務局を務めている。

こうした主要駅の周辺だけでなく、商業施設の再整備と合わせて住みやすい街づくりも忘れていない。「泉ゆめが丘地区土地区画整理事業」、また「いずみ野線沿線駅前街区リノベーション計画」では、近未来的な駅舎で注目を集めるゆめが丘駅の周辺に住宅を整備し、集客施設を置くことでひとつの拠点市街地をつくろうという取り組みとなっている。

「いずみ野線沿線駅前街区リノベーション計画」は、駅前の商業施設の建て替えや住宅を整備、クリニックを駅前にある相鉄グループの複合施設内に設置することにより、住みよい街づくりを進めており、現在、南万騎が原・弥生台・いずみ野の各駅で実施されている。100周年事業が過ぎても、鉄道路線の延長や街づくりなど、まだまだ相鉄グループは新たな進化を続けているのだ。

二俣川駅周辺

弥生台駅周辺

(国土地理院航空写真をもとに作成)

相鉄グループの取り組み　今後の計画

キーマテリアルである「レンガ」「鉄」「ガラス」を用いてリニューアルしたいずみ野駅（相鉄グループ提供）。

100周年を迎え、さらなる進化を遂げる相鉄グループ

２０１６（平成28）年４月、相鉄線の線路を目新しい濃紺色の電車が走り抜けた。１９９３（平成５）年から導入された９０００系と呼ばれる車両だ。すでに20年以上もこの路線を走り続けているはずの車種だが、このとき登場した車両は、外装も内装もそれまでとは全く違った装いになっている。外装は全体が濃い紺色に、内装がグレーを基調としたデザインになっていた。

この９０００系リニューアル車両は、相鉄グループが１００周年に際して取り組んでいる「デザインブランドアッププロジェクト」の一環でつくられたものだ。このプロジェクトはその名の通り、相鉄グループのイメージを高め、広く認知度を向上するため、「安全×安心×エレガント」をデザインコンセプトに、「車両」「駅」「制服」などのデザインリニューアルを行っているもの。車両は、「ＹＯＫＯＨＡＭＡ　ＮＡＶＹＢＬＵＥ」で統一。上品で落ち着いた色でありながら、ほかの電車にはない、強いインパクトがある。

車両と同じようにいくつかの駅でも、デザイン上のさまざまなリニューアルを施している。駅の内外の色はグレーとなっており、落ち着いた色合いで、駅構内

星川駅と天王町駅を含めた約1.8kmが高架化し、交通を円滑化する工事が2018年度に完了。
合計9つの踏切が除却され、安全性の向上が図られる（相鉄グループのウェブサイトを参考に編集部作成）。

に置かれた案内板などが以前より目立ち見つけやすくなった。

また、駅のデザインのキーとなっているのが「レンガ」と「鉄」と「ガラス」。これらのアイテムは見た目に美しいということだけではなく、時間が経っても古くならず、むしろ時の経過により見た目の味わいが増していく。それを駅舎の各所に盛り込むことで、長く綺麗で、歴史の深みを感じられるデザインに仕立てたのだ。

相模鉄道では、沿線の利便性と安全性の向上を目的とした改修も実施。2002年度から一部の駅で大規模な改修工事を行っており、星川駅と天王町駅間では、両駅を含めた約1・8㎞が2018（平成30）年に上下線の高架化を行った。この高架化により9カ所の踏切が除去できた（2020年に星川駅6号踏切を除去）。ラッシュ時の交通渋滞解消や、歩行者の安全性確保のために大きな役割を果たしている。周辺道路の整備計画は2021（令和3）年度に完成となる予定だ。こうした数々の取り組みを通じて、相鉄線の利用者や沿線の住民など、誰もが安心し、快適に利用できるように惜しみない努力が注がれているのだ。

なお、「デザインブランドアッププロジェクト」は2

「デザインブランドアッププロジェクト」の一環で配置されたベンチ（楠居利彦氏提供）。ひとり当たりのスペースがゆったりと取られている。上の写真は、高架化された星川駅周辺の様子（相鉄グループ提供）。

019（令和元）年にグッドデザイン賞を受賞。駅舎や車両に新しいデザインや社員の制服のリニューアルなどの一連の取り組みが、統一したデザインコンセプトに基づくイメージアップの施策として認められたのだ。流行に左右されず、長く愛され醸成するデザインが利用者や街に影響を与えるとして評価されている。

　これらのプロジェクトは今も進行中で、既存の車両はリニューアルが続けられている。このほか安全対策、そして全駅へのホームドアの設置を進めており踏切周辺の安全対策の強化なども行っている。

　ほかにも乗り心地の向上やホーム上の待合室設置など、利用者のために改善が進められていく予定になっている。これからもお客様と沿線の未来のため、相鉄グループは歴史を積み重ねながら進化を続けていくのだ。

上から、横浜駅に設置されたホームドア（相鉄グループ提供）。新設された待合室、「デザインブランドアッププロジェクト」の一環で統一された駅デザイン。

相鉄グループ提供

鉄道ファンはもちろん、若い世代にも人気の20000系と12000系。「YOKOHAMA NAVYBLUE」の上品で深い濃紺色は、かの歌川広重が描いた『東海道五十三次』を彷彿とさせる。独自のデザイン性を惜しみなく注ぎ込んだ5000系を皮切りに、外観だけでなく内装や設備にも大いにこだわってきた相鉄車両を、初期のものから現在まで一挙ご紹介。

第2章

相鉄線車両紹介

2000系

6000系登場以前の主力車両だった2000系。写真の標準車体は片運転台で前面非貫通のほか、前面貫通、両運転台、運転台なしなどのバリエーションがあった（楠居利彦氏提供）。

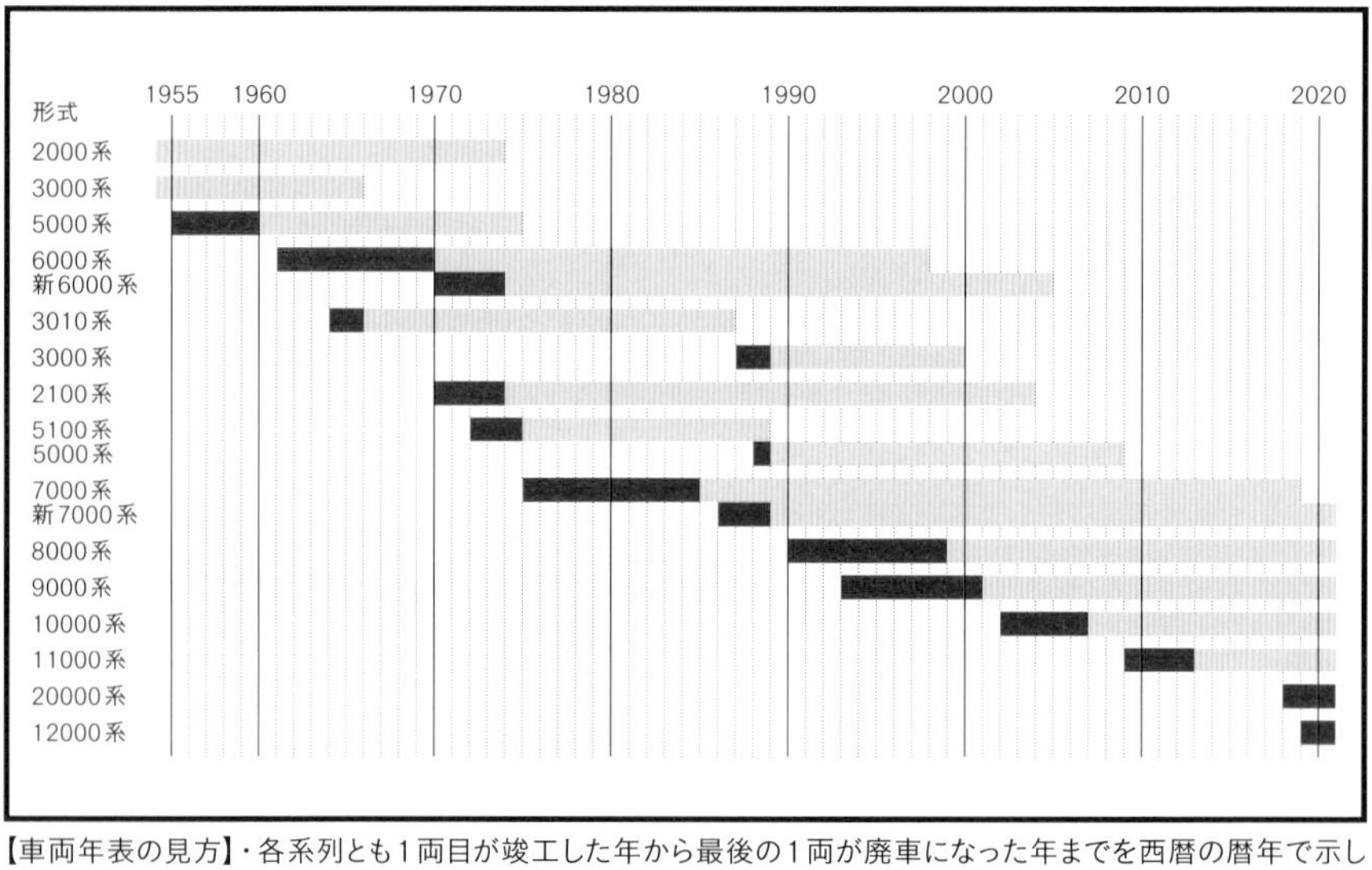

【車両年表の見方】・各系列とも1両目が竣工した年から最後の1両が廃車になった年までを西暦の暦年で示している。営業運転を行っていた期間とは一致しない場合もある。・赤い部分は増備期間を示す。ただし、この間に増備がなかった年もある。・2000系は事業用となった車両以外の在籍期間を示す（楠居利彦氏作成）。

戦後の乗客の足として市民の生活を支えた2000系

5000系が登場する以前の相鉄に在籍していた車両（電車）は、1000系、2000系、3000系の3系列になる。いずれも自社発注ではなく、1000系は小田急電鉄デハ1150形を譲り受けたもので（小田急が東急に統合されていた時代なので、書類上は東京急行電鉄から譲り受けたことになる。以後、本稿では実際の所属会社で表示）、9両が在籍した。廃車後は京福電気鉄道福井支社に3両、日立電鉄に6両が譲渡されている。3000系は国鉄モハ63形を主体とする20m車で、導入当初の相鉄には大きすぎる車両だったが、ラッシュ時には威力を発揮した。

2000系は戦前型の国電を主体とする17・18m車で、42両というまとまった両数から、昭和20年代の主力車両となっていた。

車種別両数はモハ2000形26両、クハ2500形15両、サハ2800形1両で、便宜的に昭和20年代に譲り受けたモハ2001～2016、クハ2501～2508、サハ2801をAグループ、昭和35・36年に譲り受けのモハ2017～20

車両概要

●2000系

製造初年：1948年（昭和23年）＊
車体構造：普通鋼
制御方式：抵抗制御
ブレーキ方式：自動
主電動機出力：100kW
駆動方式：吊掛式
車両数：42両＊＊
＊相鉄の車籍となった年を示す
＊＊両数は在籍した最大両数を示す。

相鉄広報が当時発行していた「ぽけっと」。36号の表紙の下部に写っているのが2000系である（生田誠氏提供）。

1段下降窓にトラス棒付というクラシックなスタイルで昭和45年まで在籍したモハ2014。
後のクハは標準車体(楠居利彦氏提供)。

26、クハ2509〜2515をBグループとする。

それぞれの前所有者を辿ると、Aグループのモハ2001〜2003は小田急電鉄だが同社のオリジナルではなく、さらにその前は国鉄のモハ1形となる。モハ2004〜2010は国鉄のモハ30・31・50形、モハ2011〜2014は青梅電気鉄道、モハ2015・2016は車体を新製したので準新車と呼ばれたが、京王帝都電鉄で余剰になった台枠などを流用している。クハ2501〜2505は東急電鉄東横線で使用していたキハ1形、クハ2506・2507は青梅電気鉄道、クハ2508はモハ2015・2016と同様に台枠を流用、サハ2801は旧相模鉄道のサハ1100形となる。

Bグループは国鉄クモハ11形とクハ16形で、入線にあたって相鉄独自の標準車体に更新された。これは窓割り、窓高さなどを国鉄モハ30形の寸法に準拠したもので、屋根が深くて窓は小さく、お世辞にもスマートとは言いがたい形態だった。

Aグループでも異端の存在だったクハ2501〜2505、サハ2801とモハ2002は昭和30年代中頃までに廃車、モハ2004〜2010は標準車体に更新され、モハ2001・2003・2011〜20

16、クハ2507・2508は廃車時まで昭和20年代のスタイルを維持していた。
昭和45年から2100系に置き換えられるが、モハ2008と貨物電車に改造されたモニ2005・2019・2022・2023、クニ2506・2511が事業用車として残った。モニ2005・2019・2023以外は平成10年までに廃車、残った3両はモニ2023が架線観測車となり、平成19年まで在籍していた。現在も車籍はないが、モニ2005はかしわ台車両センターに保存されている。

小田急電鉄から譲渡されたモハ2003。元を辿れば木造国電だが、鋼体化されてその面影はない（楠居利彦氏提供）。

もと青梅電気鉄道のモハ2013。2000系では最も全長が長く、洗練されたスタイルだった（楠居利彦氏提供）。

3000系

昭和33年の撮影で、雨樋がつき、窓も2段化されているが、モハ63の特徴である前面窓上の鎧戸型通風器は残されている。このころは青緑とベージュの塗分けだった（荻原二郎氏提供）。

20m・4扉の戦時設計車両

4扉のモハ63形を主体とする20m級の国電を譲り受けたもので、当初はモハ3000形が5両、クハ3500形が4両だった。このうちのモハ3001〜3003、クハ3501〜3503は小田急電鉄（譲り受けの時点では東京急行電鉄）のデハ1806〜1808、クハ1856〜1858が前身であり、蒲鉾とか食パンと称された車体に片側4カ所の扉、3段窓など、本家のモハ63形とほとんど変わらないスタイルだった。相鉄への入線は昭和23年で最も早い。

モハ3004は戦災を受けた戦前型のモハ60形を復旧したもので、昭和24年に入線。前面に丸みがあり（半流と呼ばれる）、扉は片側3カ所、ノーシル・ノーヘッダー、張上げ屋根で最も見栄えがよかった。復旧の際に連結面寄りだったパンタグラフを運転室寄りに移している。

モハ3005は事故で廃車になったサハ

車両概要

●3000系
製造初年：1948年（昭和23年）＊
車体構造：普通鋼
制御方式：抵抗制御
ブレーキ方式：自動
主電動機出力：142kW
駆動方式：吊掛式
車両数：9両
＊相鉄の車籍となった年を示す

48形が前身で、昭和28年の入線。本来は横須賀線用の2扉・クロスシートだったものを、３扉・ロングシート、両運転台に改造している。付随車を電動車化しているので、台車や主電動機をどうやって調達したのかが興味深い。

クハ３５０４は昭和27年の入線。事故車のモハ63形を復旧したもので、平妻の屋根に2段窓、ベンチレーターもガーランド形と、モハ63形の面影が感じられないスタイルとなった。

20ｍ・４扉の車体はラッシュ時に重用されたが、主電動機は相鉄の路線には出力過剰気味であり、台車と合わせて４両分が昭和27年から新製されたＥＤ10形電気機関車に転用された。昭和30年に63形スタイルの６両の窓を2段化、モハの台車は昭和34年にウイングバネ式のＴＳ１０８に変更し、合わせて主電動機も１４２ｋＷのＴＤＫ５４４に取り替えている。昭和35年には３連を組むためクハ３５０３を電動車に改造し、車号もモハ３５０６となった。

車体の老朽化により昭和41年までに全車廃車となり、機器流用によって見た目は６０００系にそっくりの３０１０系に生まれ変わっている。

昭和26年の改番直前で、側面に相鉄の略称であるSTKの文字が入るが、車号は小田急時代のまま。夏の海水浴シーズンで車両不足の小田急に貸出されている貴重な1コマ。（荻原二郎氏提供）。

元国鉄モハ60形のモハ3004は、パンタグラフが前寄りに移されている。すでに改造が終わった3010系と編成を組んでいた時期もあった（楠居利彦氏提供）。

5000系

5000系。それまでの相鉄車両とは違うカラフルな配色は、
工業デザイナーが手がけたといわれている（相鉄グループ提供）。

独自のデザインで乗客を驚かせた戦後の新造車両

現在の鉄道車両では当たり前といえるカルダン駆動、発電ブレーキ付多段制御といった技術は、昭和20年代後半から開発が進み、昭和30年前後には私鉄各社に高性能車の第一期といえる車両が登場した。５０００系もそういう流れに乗った車両で、2両ユニットのオールM方式、直角カルダン式の駆動装置、多段式制御装置の採用により加速度、減速度が高く、走行時の騒音が少なく、乗り心地も向上している。車体は軽量化を図ったモノコック構造に、床下を覆うボディーマウント方式を採用し、これが外観上の最も大きな特徴となった。

本格的なモノコック構造の採用は昭和29年に登場した東急電鉄５０００系が先輩となるが、ボディーマウント方式の採用は相鉄５０００系が初めてで、床下機器を雨や埃から守れるという利点がある。

車両概要

●5000系
製造初年：1955年（昭和30年）
車体構造：普通鋼
制御方式：抵抗制御、発電ブレーキ付
ブレーキ方式：日立式電磁直通
主電動機出力：75kW（5001〜5004は55kW）
駆動方式：直角カルダン
車両数：20両

しかし、日常の保守点検には不便な面もあり、日本での採用は、ほかに東急電鉄デハ200形、名古屋市交通局100形、新幹線200系の3例に留まる。

昭和30～35年に1次車（5001～5004）、2次車（5005～5010）、3次車（5011～5016）、4次車（5017～5020）の計20両が新製された。1次車は試作車で主電動機出力が55kWと小さく、台車の枕バネはゴムブロック（後にコイルバネに変更）だった。2次車は全長が1m長い18mになり、運転室と扉の間に窓が設けられた。主電動機出力は75kWに増強し、台車の枕バネはコイルバネに変更されている。3次車では空気バネ台車が採用され、以後、相鉄の新製車両の標準となる。4次車は運転台のない中間車となり、2・3次車に組み込まれた。

1次車の4両（5001～5004）は運転室の後に窓がなく、全長が約1m短い。量産車が登場してからは予備的な存在だった（楠居利彦氏提供）。

床下を覆うボディマウント式が特徴の5000系。デザイン性の高さが評判となった。（楠居利彦氏提供）。

いずれも海老名寄りとなる車号末尾奇数車にパンタグラフと制御装置、横浜寄りとなる偶数車に空気圧縮機、補助電源装置などを装備する。

相鉄のイメージアップに貢献した5000系だが、軽量構造のために車体の老朽化が進み、昭和50年までに全車廃車。主要機器はアルミ車体の5100系に流用されている。

6000系・新6000系

新6000系は最終増備車を除き6000系と同じ塗色で登場した。前面のデザインは2100系と同様だが、裾絞りの車体断面で印象は異なる（相鉄グループ提供）。

輸送力と整備のしやすさを大幅に改善

輸送力増強のため、自社発注で初の20m・４扉となった。増備途中で車体幅の拡大、電動車のユニット化などのマイナーチェンジがあり、これは便宜上、新６０００系と区別される。６０００系は昭和36～45年に１２０両、新６０００系は昭和45～49年に70両が新製された。６０００系増備途中の昭和38年に車両数が１００両を突破し、記念切符が発売されている。

６０００系導入の背景には、５０００系がオールＭ方式のため新製費、保守費とも割高になったことへの見直しがあり、輸送力が大きく、経済性が高く、編成の自由度が大きいことが求められた。具体的には、

・車体は20mで両開き４扉、ボディーマウント方式は採用せず、先頭車の前面は貫通式。

・電動車は１Ｍ方式としたので、Mc－Tcの２連を最小単位として、１両単位で増結が

車両概要

●6000系

製造初年：1961年（昭和36年）《1970年（昭和45年）》

車体構造：普通鋼（6021はアルミ合金）

制御方式：抵抗制御

ブレーキ方式：日立式電磁直通

主電動機出力：110kW《130kW》

駆動方式：直角カルダン

車両数：120両《70両》

＊《　》内は新6000系を示す

可能。

・主回路を簡素化するため発電ブレーキは廃止。ただし、合成樹脂ブレーキシュー（商品名：レジンシュー）の採用により、発電ブレーキと同等の減速度が得られる。

・主電動機出力は110kW、速度領域が広いため、MT同数ですべての列車種別に対応できる走行性能が得られる。

それらが5000系との相違点（改良点）であり、空気バネ台車、直角カルダン駆動、手の込んだ塗色などは受け継がれた。外観では先頭車の運転室後部にも窓を設けたのが特徴で、非冷房車の時代には扉部分の通風を確保する意味があった。

車種は、横浜寄りに運転室を持つモハ6000形、海老名寄りに運転室を持つクハ6500形、中間車のモハ6100とサハ6600形の4形式。両数はモハ6000形、クハ6500形、サハ6600形が各25両、モハ6100形が45両となる。製造年次による主な仕様変更は以下の通り。

・5次車のモハ6011、クハ6511、モハ6103以降は基礎ブレーキが外付けのディスクブレーキになる。

・モハ6021は試験的に

6000系は非冷房で新製され、昭和54年から冷房化された。前照灯の2灯化、列車種別表示の新設などで前面の印象はだいぶ変わっている（相鉄グループ提供）。

1967（昭和42）年に新製のモハ6021は試験的にアルミ合金車体が採用された。冷房化では7000系で試用したヒートポンプが転用されている（相鉄グループ提供）。

新6000系は車体幅が拡大され、僅かだが収容力が増加している。ライトグリーンの塗色は1974年2月の最終増備車から採用された（相鉄グループ提供）。

アルミ車体を採用。
・最終増備のモハ６１４４・６１４５は前者に空気圧縮機、後者に補助電源装置（冷房化のときに撤去）を装備するセミユニット車で、新６０００系への過渡的な存在といえる。冷房化後は新６０００系に組み込まれていた。

冷房化は昭和54～61年に行われ、クハとサハに大容量の補助電源装置を取り付けたので、実質的に2または4両が固定編成となった。平成4年から廃車が始まり、平成10年に全車廃車となる。トップナンバーのモハ６００１はかしわ台車両センターに保存されている。

かつての相鉄らしさとは

長編成化に対応して主要機器の集約、さらなるメンテナンスフリー化などが求められ、それに対応して６０００系をマイナーチェンジした新６０００系が生まれた。具体的な変更点は以下の通りとなる。
・電動車は2両ユニットとしたことにより、制御装置、空気圧縮機、補助電源装置の数を半減。
・主電動機出力は１３０kWに増強し、車輪径は８６０㎜から９１０㎜になった。駆動装置は従来通りの直角カルダン。

・車体幅を２８００㎜から２９３０㎜に拡大し、裾絞りの車体断面となる。先頭部は高運転台として、人間工学を取り入れた機器配置とした。
・窓割りは中間車で前後対象とした。このため運転室後部は窓なしとなる。

編成は両端をクハとする４連が基準となり、海老名寄り先頭はクハ６５００形で６０００系からの続番、新たに登場した横浜寄り先頭はクハ６７００形と形式を分けた。電動車はモハ６３００形として奇数車号のＭ１に制御装置、偶数車号のＭ２に空気圧縮機と補助電源装置、パンタグラフはＭ１とＭ２に装備する。モハ６３００形34両、クハ６５００形、クハ６７００形各18両が新製され、冷房化後はモハ６１４４・６１４５を組み込んで４連18本（実際には8連で運用）となった。

冷房装置は昭和46年製のクハ６７１１・モハ６３１１・６３１２・クハ６５３１で試験的に採用され、翌年から正式採用となった。ほほえみ号、緑園都市号、アートギャラリー号などの特別塗色になったのも、この系列の特徴といえる。平成17年に全車廃車となった。

自社発注で初の20m車となった6000系。2両から10両まで編成の自由度が大きく、高度経済成長期の輸送力増強に貢献した（相鉄グループ提供）。

5000系の使用実績を踏まえ、輸送効率と経済性を重視する設計となった6000系。駆動装置は5000系の直角カルダンを引継いでいる（相鉄グループ提供）。

2100系

アルミ車体の採用で大型化しても重量の増加を抑えた2100系。3次車から5100系と同様の車体に冷房付で登場した(相鉄グループ提供)。

アルミ車体で大型化して輸送増加を図る

17m級の旧型国電を主体とした2000系の走行機器を流用し、アルミ車体の20m車としたもので、昭和45～49年に30両が新造された。軽量なアルミ車体にしたことで、車体を大型化してもほぼ同じ重量に収めることが可能になった。実際には電動車1両あたりの重量が35～37tとなり(吊掛式、非冷房時の数値)、17mのモハ2000形より数トン軽い。20mの構体(車体)は鋼製が9t前後なのに対し、試作のモハ6021で5・9t、2100系では4・1tと半分以下の重量になっている。

当初は両先頭にクハ2600形、中間にモハ2100形という4M2Tの6連を組み、モハ2101・2105・2109・2113・2117は運転室付として、4連でも運転できるようになっていた。主電動機は100kWのM

車両概要

●2100系

製造初年:1970年(昭和45年)、1976年(昭和51年)改造

車体構造:アルミ合金

制御方式:抵抗制御

ブレーキ方式:電磁直通

主電動機出力:100kW《130kW》

駆動方式:吊掛式《直角カルダン》

車両数:30両

*《　》内は改造後を示す

T7またはMT15、主制御器はCS－5で弱め界磁を追加、台車は釣合梁式のDT10の枕バネをコイルバネ（オイルダンパ付）、台車ブレーキに改造、ブレーキ方式は応答性に優れた電磁直通式となった。これにより2000系より僅かだが高速性能が向上し、乗り心地が良くなっている。

　車体は最初の2本が2段窓で非冷房、3本目から5100系に準じた自動開閉式の1段下降窓、冷房付となり、車内のカラーリングが寒色系から暖色系に変わっている。

　昭和51～54年に制御装置と走行装置が一新され、電動車は2両ユニットとなる。改造なので電機品は東洋電機、台車は東急車輌となるが（6000系は電機品、台車とも日立製作所）、主電動機出力130kW、直角カルダンで走行性能は新6300系とほぼ同等。合わせて初期車の12両も冷房化された。

　改造後は6M4Tの10連3本に組み替えられ、モハ2101→クハ2612、モハ2105→クハ2614、モハ2104→モハ2121となった。モハ2104の改番は制御装置を持つM1となるので、M1は奇数車号という原則に従ったもの。3本中の2本は2段窓と1段窓の混成となり、車号が見えなくても編成の特定が容易になった。

足回りを一新した2100系は、新6000系とほぼ同等の性能になった。新性能化により運転台付のモハ2100形は10連の先頭に立つようになった（楠居利彦氏提供）。

1・2次車は2段窓で、登場当初は非冷房だった。写真では見えにくいが足回りは旧型のままで、走り出すと2000系と同じ音がした（大幡哲海氏提供）。

3010系

3000系の機器流用で生まれた3010系。10連とするため1両は完全な新製となる。6000系と同様の車体だが細部に違いがあり、相鉄ファンなら簡単に見分けられた（相鉄グループ提供）。

車体を新製し、VVVF車の先駆けとなる

3000系は元々車体の状態が良くなかったので、昭和39～41年に6000系と同様の車体に置換えられた。モハ、クハとも形式が+10となり車号も変更されたので、3010系と区別される。9両では編成が半端になるのでサハが1両追加され、総数は10両になった。

車種別の内訳はモハ3010形6両、クハ3510形3両、サハ3510形1両で、モハ3010形のうちの3両（3012・3013・3015）は中間車となった。サハ3510形は機器流用のない完全な新車、モハ3011・3016も車体は完全な新製で、それ以外の7両はモハ3001～3003・3006、クハ3501・3502の台枠が流用されている。

外観は一見すると6000系そっくりだが、尾灯が丸形で、台車が違うし吊掛式なので、

車両概要

●3010系

製造初年：1964年（昭和39年）、1987年（昭和62年）改造

車体構造：普通鋼

制御方式：抵抗制御《VVVFインバータ制御、回生ブレーキ付》

ブレーキ方式：日立式電磁直通《電気指令式》

主電動機出力：142kW《180kW、3052は170kW》

駆動方式：吊掛式《直角カルダン》

車両数：10両

＊《　》内は改造後を示す

走ればうるさく乗り心地は悪い。補助電源の容量が小さいので室内灯の総Ｗ数が少なく、夜間は暗いという違いもあった。さらに細かく観察すれば、台枠流用車は僅かだが床が厚く、車体裾のオレンジ帯の幅にも差が出ていた。

冷房化と合わせて足回りもVVVFインバータ制御に変更され、車号は50番代となる。MT比も6M4Tから4M6Tとなった。（大幡哲海氏提供）。

昭和62年の車体更新で冷房化と足回りの近代化（ＶＶＶＦ制御、直角カルダン）が行われ、形式と車号も変更された。車種別の内訳はモハ３０００形（運転室付）２両、モハ３１００形（運転室なし）２両、クハ３５００形３両、クハ３７００形１両、サハ３６００形２両となり、モハ３０１４→クハ３７５１、モハ３０１５→サハ３６５２と車種変更された。ＶＶＶＦ車であることを区別するため50番代の車号になったので３０５０系と呼ばれることもあるが、50は番代区分なので３０００系とするのが妥当と思われる。

改造車なので、慣例から電機品は東洋電機、台車は東急車輌となるが、比較検討のためモハ３０５２は電機品、台車とも日立製作所となった。主電動機出力は東洋電機が１８０kW、日立製作所が１７０kWで、前者は５０００系、９０００系にも引き継がれている。ＶＶＶＦ改造後の使用期間は意外と短く、平成12年に全車廃車となった。

5100系・5000系（2代目）

アルミ車体はさらに軽量化され、冷房付で登場した5100系。5000系の主要機器を流用したので台車は3種類、主電動機は2種類あった（相鉄グループ提供）。

自動開閉式窓を採用しアルミ車体で輸送力アップ

軽量のボディマウント車体や湘南形と呼ばれた半流線形の車体が注目を集めた5000系だったが、相鉄では新6000形の登場以来全長20m・片側4扉という形式に統一が図られ、5000系の全長17〜18m・3扉は増え続ける輸送量に合わなくなってきた。また、軽量車体であるが故の車体劣化も進んでいたため、走行機器類を流用したうえで、全長20mのアルミ合金製車体を新造して載せ替えることになった。そうして生まれた車両が5100系だ。書類上は5000系を廃車とし、1972（昭和47）年から3年かけて全20両が「新造」された。

車体は2100系に準じたアルミ車体で、丸い前照

車両概要

●5100系

製造初年：1972年（昭和47年）、1988年（昭和63年）改造

車体構造：アルミ合金

制御方式：抵抗制御、発電ブレーキ付《VVVFインバータ制御、回生ブレーキ付》

ブレーキ方式：電磁直通《電気指令式》

主電動機出力：75kW（5101〜5104は65kW）《180kW》

駆動方式：直角カルダン

車両数：20両

＊《　》内は改造後を示す

油圧式自動窓開閉装置

この装置は、油圧によって客室の側窓(一枚下降式)および乗務員室側開戸落し窓の開閉操作を押ボタン操作によって行なうものです。各車の床下には、油圧ポンプ、アキュムレータ等を含むパワーユニットを置き、各窓に設けた油圧シリンダを動作させて、窓の開閉を行ないます。
客室側窓はその横に設けた押ボタンによって、個々の開閉ができるほか、乗務員室にある総括スイッチの操作によって、編成の全部の窓を一斉に開閉することもできます。
なお乗務員室側開戸の落し窓の開閉は、客室窓とは別の回路で乗務員が運転中でも簡単に押ボタンで操作できるようにしてあります。
（特許出願中）

自動窓油圧ツナギ

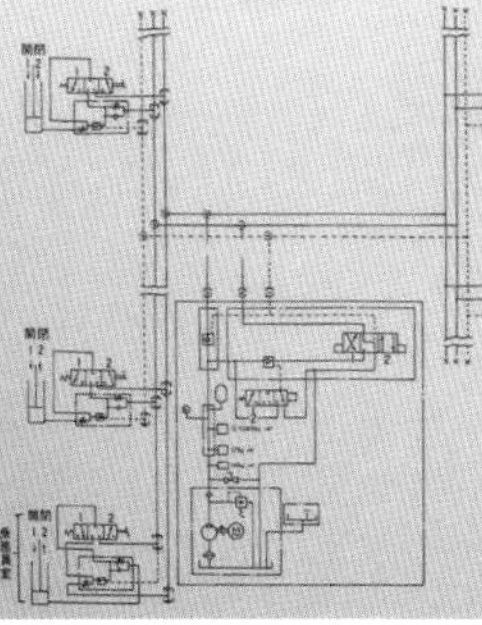

客室自動窓内部

床下パワーアッセンブリ

油圧による自動窓開閉装置は日本の鉄道車両で初めての採用となる。
乗客の操作のほか、乗務員による一斉開閉も可能（楠居利彦氏提供）。

灯を運転席下の左右に配置した「相鉄顔」と呼ばれるスタイルだ。当時としては画期的な冷房装置を最初から搭載し、このため屋根の高さが2100系よりも50㎜低い。車内は2100系と同じ片側4扉のロングシートで、それまでブルーやグリーンなどが多かったシートモケット（布地）は、初めて暖色系の濃いオレンジが採用されて以後の相鉄の標準となった。客席の窓は下降式の1枚窓となり、ボタン1つで開閉できる油圧式の自動開閉式窓が日本で初めて採用された。

主要な走行機器は、5000系から流用している。すべての車両に主電動機（モーター）を搭載する全電動車編成（オールM）で、機器を2両に分散配置してセットで運用するユニット方式を採用。4両編成や6両編成も組成可能だったが、実際には8両編成で運用された。なお5000系は主電動機は1台あたりの出力が75kWだったが、試作車から改造された4両は65kW（当初の55kWから増強）で、歯車比などの仕様も異なるため、営業運転に付くことはほとんどなかった。

一方、ブレーキ装置は5000系の日立式電磁直通ブレーキから、一般的な発電ブレーキ併用HSC

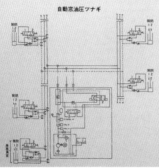

VVVFインバータ制御への改造により、車号は50番代に変更された。末期には前面に相鉄のロゴが追加されている（大幡哲海氏提供）。

電磁直通ブレーキに変更された。日立式電磁直通ブレーキは相鉄が独自に採用していた方式で、旧来の自動空気ブレーキと操作方法が近いために古くからの乗務員でも対応しやすく、応答性能も良いといった利点があった。しかし、一般的な、ブレーキハンドルを動かした角度に比例してブレーキ力が強まるセルフラップ方式とは操作方法が異なるため、時代に合わせて変更されたのである。

走行機器を一新した新しい5000系

生まれ変わった5100系だったが、機器類は1950年代の装置がベースであり、老朽化は隠せなかった。また、全電動車編成はメンテナンスに手間がかかるうえ、仕様が異なる4両はほとんど休車状態だったため、走行機器を3000系ベースのものに交換し、若返りと仕様の統一を図ることになった。

こうして、1988（昭和63）年に登場した車両には、再び5000系の番号が付けられて、2代目5000系となった。同時に、従来の8両編成から10両編成に変更するため、一部の運転台付車両が中間車に改造された。この結果、旧来の部品はほとんどなくなり、形式名は復活したものの実際は別の車両になったといえる。車体は５１００系から流用されて車内設備に変更はほとんどないが、一部の乗降扉上部に、路線図を利用した案内板が設置された。新７０００系で採用されたものと同様で、駅のランプが点灯して、次の停車駅と行先を表示するものだ。

走行機器は完全に一新され、制御装置は昔ながらの抵抗制御から、高効率・省メンテナンスのＶＶＶＦインバータ制御が本格採用された。この結果、５１００系時代にすべての車両が搭載していた主電動機は、10両編成中4両まで削減。またユニット方式ではなく、１両に制御装置を搭載する１Ｍ方式が採用された。ブレーキは回生付きとなって、減速時に生じた電気を架線に戻す、省エネルギー性に優れた仕様となっている。

その後、新しい５０００系は２００５（平成17）年まで17年にわたって使用された後、老朽化から運用を離脱。２編成あったうちの１本は廃車・解体された。残る１本はしばらく車両基地に留置されていたが、故障した７０００系の代役として整備のうえ営業運転に復帰する。その後も検査や修理に入った車両の代役などで活躍を続け、２００９（平成21）年、１０００系に交代する形で引退した。初代５０００系から数えると、実に54年働き続けた車両だった。

相鉄広報が発行していた「ぽけっと」。下に写っているのが5100系（生田誠氏提供）。

7000系

前面デザイン変更で新7000系と区別されるが、写真の編成は抵抗制御で、機能的には7000系と変わらず、車号も続番になっている（相鉄グループ提供）。

昭和の相鉄車両の完成形

新造車両としては相鉄初となる、全長20m・アルミ車体の車両だ。高い信頼性を発揮していた新6000系の走行機器をベースに、2100系・5100系で実績のある軽量・省メンテナンスのアルミ合金製車体を載せた車両だ。それまでの相鉄車両の「いいとこどり」をした完成度の高い車両で、令和の時代まで走り続けた。相鉄の車両として初めて新製時から空調を搭載し、客室の窓にはボタン1つで開閉できる自動開閉式窓を装備。車体デザインは、2100系や5100系と同様の「相鉄顔」だ。

相鉄車両の完成形として増備が続けられた7000系だったが、10年あまりが経過すると、さすがに新鮮味が失われてきた。そこで1986（昭和61）年、デザインを大幅に変更した新7000系

車両概要

●7000系

製造初年：1975年（昭和50年）《1986年（昭和61年）》
車体構造：アルミ合金
制御方式：抵抗制御《VVVFインバータ制御、回生ブレーキ付》
ブレーキ方式：日立式電磁直通《電気指令式》
主電動機出力：130kW《180kW》
駆動方式：直角カルダン
車両数：80両《60両》
＊《　》内は新7000系を示す。ただし、7713・7715編成の諸元は7000系と同じ

が登場した。

前面部は伝統の「相鉄顔」をやめ、全国的に流行していたブラックフェイスを採用した。これは、運転席の窓周辺を黒く装飾して都会的な精悍さを表現したもの。先端部を傾斜させてスピード感を表し、前照灯も角形のケースに変更して最新のデザインに生まれ変わった。

アルミ車体に赤のアクセントカラーで相鉄の新しい顔となった7000系。新6000系より高速性能に余裕を持たせているが、その真価を発揮できる機会に恵まれなかった（相鉄グループ提供）。

１９８８（昭和63）年製造の50番台からは、制御装置を昔ながらの抵抗制御から省エネルギー性・省メンテナンス性に優れたＶＶＶＦインバータ制御に変更。最後に製造された７７５５編成には、相鉄として初めて、向かい合わせのセミクロスシートが試験導入された。

長らく主力車両として活躍した７０００系だったが、２０１９（令和元）年に抵抗制御の編成が引退。新７０００系も完全引退が近づいている。

検測を行う700系。旅客用ではないため、滅多に見ることはできない（相鉄グループ提供）。

700系（モヤ700形）

車両概要

導入年：2006年（平成18年）
制御方式：抵抗制御
駆動方式：直角カルダン
在籍数：2両×2編成 4両

相鉄顔を残す働き者

７０００系を改造した事業用車で、軌道や架線などの状態を定期的に検査する検測に使用されるほか、かしわ台車両センター内で車両を移動させるときに牽引する役割も担う。相鉄伝統の「相鉄顔」を残す、唯一の現役車両だ。

8000系

8000系は10連の固定編成としたので、前面は非常用扉付となった。7000系で試用されたセミクロスシート車も5・8号車に組込まれている（相鉄グループ提供）。

新6000系以来となる拡幅車体を採用

「21世紀にも通用する車両」として開発された、現在相鉄で最も両数が多い形式だ。切り離しなどを考慮しない10両の固定編成で、先頭部はブラックフェイスと前面傾斜形のデザインを採用。一方で、前照灯を運転台下の中央部に寄せ、非常用扉を運転席の反対側に設置するなど、これまでの相鉄にない左右非対称のデザインが話題となった。

制御装置は、製造時からVVVFインバータ制御が採用された。これは、架線から取り入れた直流を三相交流に変換し、半導体によって電圧と周波数を調整して主電動機の回転数を制御するシステムで、大容量の電力を効率良く制御でき、小型で機械部品が少なくメンテナンス性にも優れる。

また、車両情報装置も搭載し、運転席のモニターに扉の開閉状況や停車駅の情報などが一元表示されるようになった。

車体は、新6000系以来となる拡幅車体を採

車両概要

●8000系
製造初年：1990年（平成2年）
車体構造：アルミ合金
制御方式：VVVFインバータ制御、回生ブレーキ付
ブレーキ方式：電気指令式
主電動機出力：150kW
駆動方式：直角カルダン
車両数：130両

用し、最大幅は7000系の2800㎜から2930㎜に拡大。わずかでも車幅を広くしたことで、定員が若干だが増えている。それでも朝夕のラッシュ時には立ち客の間隔に余裕が生まれ、通勤環境が改善した。

車内は片側4扉のロングシートという従来からの仕様が基本だが、新7000系で試験導入された、4人掛け向かい合わせのセミクロスシートが5・8号車に本格採用された。新7000系に比べて座席幅が広くなり、形状も見直されて、より快適な座り心地の座席になっている。1993（平成5）年に製造された車両からは、9000系と同じ車いすスペースと非常通報装置が設置され、バリアフリーや車内安全への配慮が本格化した。

2020（令和2）年には、「デザインブランドアッププロジェクト」によるリニューアル編成が登場。車体全体を「YOKOHAMA NAVYBLUE」の濃紺色で塗装し、車内の座席もグレーを基調としたモケット（布地）に張り替えられたほか、つり革も相鉄オリジナルの握りやすい楕円タイプに変更されるなどイメージを一新した。

新製当初はアクセントカラーとして車体裾に赤帯が入っていた。グループカラー（前ページ参照）への変更は2007年度から行われた（楠居利彦氏提供）。

9000系に続いて8000系もリニューアルが行われ、1本目は2020年3月から営業運転に就いている（相鉄グループ提供）。

9000系

リニューアルした9000系。「デザインブランドアッププロジェクト」の一環で「YOKOHAMA NAVYBLUE」に塗り替えられている（相鉄グループ提供）。

スコットランド製の本革シートを備える

８０００系のデビューからわずか３年後に登場した車両で、相鉄は、伝統的に日立製作所が車両を製造してきたが、９０００系は東急車輛製造（現在の総合車両製作所）が製造を担当した。主電動機は高出力のタイプが搭載され、10両編成全体の出力は４３２０kWと相鉄の現役車両で最もパワーのある仕様となっている。ただし、運行ダイヤは統一されているので、モーター出力のパワーを実感する機会はほとんどない。

外観は８０００系によく似ているが、車体幅は30mm絞った２９００mm。先頭部は前面傾斜形のデザインを踏襲したが、大型曲面ガラスを使い、よりスリムで柔らかなイメージとなった。他の車両と印象が大きく異なるのが屋根部で、相鉄としては唯一となる、小型の空調を４台並べた集約分散型を採用。カバーで覆われた４台の空調が、細長い１台の機械のように見える。

10両編成の車内はロ

車両概要

●9000系

製造初年：1993年（平成5年）
車体構造：アルミ合金
制御方式：VVVFインバータ制御、回生ブレーキ付
ブレーキ方式：電気指令式
主電動機出力：180kW
駆動方式：直角カルダン
車両数：70両

ングシート8両とセミクロスシート2両から構成され、車いすスペースや非常通報装置が製造時から装備された。空調は温度を自動調節する全自動タイプだ。

制御装置は、VVVFインバータ制御方式だが、2012(平成24)年度から、半導体の素子式が従来のGTOからIGBTに順次更新された。より小さな電力で効率良く制御できるようになり、磁励音と呼ばれる音も、以前より小さくなった。

2016(平成28)年からは、「デザインブランドアッププロジェクト」第1号として相鉄では「9701」編成を除く各編成のリニューアルが行われ、「YOKOHAMA NAVYBLUE」に塗装されたほか、車内もグレー基調の落ち着いたデザインに変更された。特にクロスシートは、背ずりが大型化して身体全体を包み込むような形となり、表地にはスコットランド製の本革を採用。まるでセミコンパートメント(半個室)のような高級感ある空間になった。

相鉄は横浜〜海老名・湘南台駅間の各駅停車に乗車しても40分ほどで終着駅に着いてしまうが、もっと乗っていたくなるゆとりあるクロスシートだ。

9000系は完全な新車では初めて東急車輌製造に発注され、日立製作所製の8000系と平行して増備が進められた(相鉄グループ提供)。

アルミ車体だが新製時から全面塗装で、先頭車の右側面は赤帯が相鉄のSを表していた(楠居利彦氏提供)。

10000系

「ライフサイクルコスト低減」に重きをおいた車両。コスト面だけでなく、バリアフリーや環境にも配慮している（相鉄グループ提供）。

JRの車両をベースとする新世代の車両

ＪＲ東日本のＥ２３１系をベースに開発された車両で、相鉄初のオールステンレス・無塗装の車両だ。

相鉄では、１９５５（昭和30）年登場の５０００系以来、すべて独自設計の車両を導入してきたが、１９９５（平成７）年度をピークに乗客数が減少に転じ、コスト低減を主眼においた。そこで、ＪＲ東日本の協力を得て、山手線（当時）や総武線各駅停車などに使用されていたＥ２３１系を相鉄の仕様にカスタマイズして導入することになった。こうして開発されたのが１００００系だ。駆動方式は、相鉄伝統の直角カルダン駆動から一般的なＴＤ平行カルダン駆動に変わり、客室の鏡も廃止。保守・検査体制もＪＲに準じた方式が導入されるなど、相鉄に大きな変革をもたらした。バリアフリー設備が充実したほか、廃車後のリサイクルまで見据えた環境性能を備え、21世紀の大手私鉄らしい性能を備えた車両である。

車両概要

●10000系
製造初年：2002年（平成14年）
車体構造：ステンレス
制御方式：VVVFインバータ制御、回生ブレーキ付
ブレーキ方式：電気指令式
主電動機出力：95kW
駆動方式：平行カルダン
車両数：70両

１００００系の中核となるシステムが、列車情報管理装置（ＴＩＭＳ）だ。車両の加速・減速を編成単位で最適制御できるようになったのをはじめ、空調管理、車内案内表示器や行先表示器の管理、日常的な保守・点検などをすべてデータで一元管理し、車内配線の大幅な削減やメンテナンスコストの軽減、安全性の向上が図られた。

仕様はＥ２３１系とほぼ同一で、車内はオールロングシートとなっている。台車には車体を支えてカーブでの回転軸となるボルスタを省略したボルスタレス台車を採用するなど、相鉄初となる機構も数多い。一方で導入当時の相鉄線の制限から、車体幅はＥ２３１系の２９５０㎜に対して２９３０㎜と20㎜狭い。

主電動機を搭載する電動車は、機器類を２両単位で分散配置するユニット方式を採用しているが、10両編成は加速力を確保するために１両に必要な機器を搭載した１Ｍ車が存在する。この結果、電動車５両＋動力のない付随車５両の５Ｍ５Ｔ構成となっている。

10000系は8連5本に対して10連は3本の少数派。MT比は5M5TでJR東日本のE231系より電動車が1両多い（楠居利彦氏提供）。

10000系の車内。JR東日本仕様でシートの色などが異なる。

11000系

JR東日本のE233系をベースとする11000系。前面は10000系のデザインポリシーを受継いでいる（相鉄グループ提供）。

故障が発生しても安全に走行できる標準型通勤車両

10000系と同様、JR東日本との協力によって開発された車両で、中央線快速電車などで活躍しているE233系0番台をベースとしている。相鉄の都心直通プロジェクトを見据えて導入され、一時は相鉄・JR直通線への投入も検討されたが、12000系が開発されたことから相鉄線内のみの運用となっている。

システムは、E233系をほぼ踏襲している。主要機器を二重化して、機器に故障が発生しても運行を続けられるよう設計されているのが特徴だ。10000系で導入された列車情報管理装置（TIMS）も二重化によって信頼性が向上し、データの伝送速度も2・5Mbpsから10Mbpsに高速化した。

車体幅は、相鉄の車両限界・建築限界が見直された結果、E233系と同じ最大2950㎜に拡大。乗務員室には、万一の衝突時に壊れて衝撃を和らげるクラッシャブルゾーンが設けられ、車体

車両概要

●11000系
製造初年：2009年（平成21年）
車体構造：ステンレス
制御方式：VVVFインバータ制御、回生ブレーキ付
ブレーキ方式：電気指令式
主電動機出力：140kW
駆動方式：平行カルダン
車両数：50両

強度も引き上げられて安全性が向上している。

　バリアフリーも、さらに充実した。床面高さは10000系に比べて35㎜下がって、レール面から1130㎜となった。これにより標準的なホームの高さである1100㎜との差が少なくなり、よりスムーズに乗降できるようになった。女性専用車と車端部の荷棚を50㎜低くして、背の低い乗客でも利用しやすくするなど、ユニバーサルデザインも数多く導入されている。

　車内はオールロングシートで、1人当たりの座席幅が10000系の450㎜から460㎜に拡大した。座面には、多くのソファでも使われているS字状のバネを連結したSバネを使用し、軽量化と座り心地の向上を図っている。

　10両編成5本が導入された11000系だが、そのうちの1編成は、相模鉄道キャラクター「そうにゃん」をデザインしたラッピング電車「そうにゃんトレイン」として運行されている。デザインはだいたい1年ごとに変更されており、毎年3月に新しいデザインが登場することが多い。

運転台の機器配置は基本的にE233系と同じ。クラッシャブルゾーンを設けたので広々としている（楠居利彦氏提供）。

客用ドアは視覚障害者への配慮のためにドア中央部の車内側は黄色く着色され、床には滑り止めも兼ねた黄色の点字ブロックが貼付されている（楠居利彦氏提供）。

20000系

乗入れ先に合わせて車体幅が狭く、前面は非常用扉付となった。「デザインブランドアッププロジェクト」のコンセプトを反映した初めての新造車両となる（相鉄グループ提供）。

寝台特急の機関車から着想を得た先頭デザイン

２０２２（令和４）年度に予定されている、東急電鉄との相互直通運転に対応した車両だ。２０１５（平成27）年にスタートした「デザインブランドアッププロジェクト」のコンセプトを、新造車両として初めて導入した。東急電鉄への乗り入れが予定されているため、地下鉄の車両限界に従って、車体幅２７７０㎜のストレート車体を採用し、先頭部には非常用の扉も備えている。

車体は、日立製作所の次世代アルミニウム合金車両システムである「Ａ－Ｔｒａｉｎ」をベースとしている。これは、西武鉄道００１系「ラビュー」、ＪＲ西日本の特急「サンダーバード」、６８３系などに使われており、全国の幅広い車両に採用されている技術だ。２枚の外板をトラス状の強度部材を介して貼り合わせるダブルスキン構造が特徴で、外板の間に空間が生じるため軽量化や部材点数の削減、客室の

車両概要

●20000系
製造初年：2018年（平成30年）
車体構造：アルミ合金
制御方式：VVVFインバータ制御、回生ブレーキ付
ブレーキ方式：電気指令式
主電動機出力：190kW
駆動方式：平行カルダン
車両数：20両（＊2020年8月現在）

静粛性向上などに効果がある。

車両デザインは、プロダクトデザイナーの鈴木啓太氏が担当した。流行に左右されない「醸成するデザイン」をコンセプトに、「横浜らしさのある顔」を目指して設計され、車体全体が「YOKOHAMA　NAVYBLUE」の濃紺色に塗装されている。従来の通勤電車から一線を画すフロントデザインは、「デザインブランドアッププロジェクト」のクリエイティブディレクターを務める水野学氏が、子どもの頃に親しんだ寝台特急の機関車から着想し、現代的なアレンジを施したものだ。高級自動車にも見られるフロントグリルを装備して高級感を表現し、非常用扉の存在を感じさせない仕上がりとなった。

相鉄では初採用となるユニバーサルデザインシート。

他社線直通を前に相鉄独自の鏡が復活

座席はオールロングシートで、車内は落ち着きのあるグレー系にまとめられている。11000系に比べて車体幅が180㎜狭いため、中央を高天井とするなど、上下方向の開放感を高める工夫が施された。座席端にはガラスを使用した大型袖仕切りが設置され、ドア横に立つ乗客と座席端に座った乗客が干渉しないよう配慮。握り棒は直線的なデザインとなった。

相鉄では初めて室内と外に個別ドアスイッチを設置。半自動機能を持たせた。

室内の幅が縮小されたことを感じさせないよう、中央を高天井とし、閉塞感を払拭している（相鉄グループ提供）。

各車両の一部のドア横には、９０００系以来となる鏡が復活。元々、「横浜に出る前にちょっとした身だしなみを」と装備されていたもので、他社線乗り入れ実現を前に、相鉄らしい特徴として再び登場した形だ。

各車両の優先席の一部に設置されたのが、ユニバーサルデザインシートだ。座面をやや高く、奥行きを浅くして、座席両脇に取り付けられた手すりと併せて、膝に負担をかけることなく立ち座りができるというもの。２編成目からは仕様が異なり、１２０００系と同様の仕様を採用。座面が少し下がり、荷物棚が取りつけられている。室内灯は、時間帯によって電球色や昼光色に色調が変化するＬＥＤ照明で、天井と一体化したデザインで限られたスペースを有効に使っている。２０１９年には、鉄道友の会「２０１９年ローレル賞」を受賞した。

最新技術をふんだんに搭載し、柔軟な運用が可能

相鉄・東急直通線の開業までまだ時間があるにも関わらず、先に開業し、使用されている相鉄・ＪＲ直通線の車両よりも早く製造されたのは、保安装置をはじめとするシステムや規格が相鉄と東急では大きく異なり、確実な検証と訓練が必要となるためだ。２０２０

グレー系のモノトーンでまとめられた車内。LED照明で色調を変えることができる。写真は昼光色の状態。

（令和2）年8月の時点では、主電動機（モーター）を積んだ電動車5両と動力を持たない付随車5両から成る5M5T構成の10両編成2本が在籍している。最近の電車は、2両の電動車に機器を分散配置するユニット方式が主流だが、20000系は電動車1両ごとに制御装置を搭載する1M方式を採用。編成を柔軟に組み替えられるようになっている。将来は4M4Tの8両編成も導入される予定だ。

制御装置はVVVFインバータ方式で、最新技術である小型・高効率のSiC素子を使用したタイプを採用した。自動列車停止装置（ATS）などの保安装置は、東急電鉄をはじめ乗り入れ先に合わせた機器を搭載できるよう準備されており、ATO（自動列車運転装置）と思われるボタンもある。なお、相鉄線内の最高速度は時速100kmだが、東急東横線の時速110km運転にも対応している。

20000系は、相鉄・東急直通線の中核となる車両だ。開業後は東急側の車両と合わせて1時間あたり10～14本の運行が予定されており、新横浜や田園調布、あるいは目黒、渋谷などに20000系が頻繁に発着することになる。創業から100年を超えた相鉄を代表する車両として期待されている。

12000系

2019（平成31）年に登場した最新の車両。JR直通線の開業で新宿方面に乗り入れている（相鉄グループ提供）。

都心乗り入れにふさわしい高品位な新型車両

２０１９（令和元）年11月30日に開業した、相鉄・ＪＲ直通線用として開発された車両だ。当初、相鉄・ＪＲ直通線には、ＪＲ東日本Ｅ２３３系と仕様が共通の１１０００系を投入する構想だったが、相鉄線の全駅にホームドアを設置するため仕様変更が必要となったことや、初の都心乗り入れにふさわしい斬新で高品位な車両を投入したいといった考えから、新形式が設計された。

車体は、ＪＲ山手線のＥ２３５系と同じ総合車両製作所のステンレス車両ブランド「サスティナＳ24」シリーズをベースとした、オールステンレス車体だ。相鉄とＪＲの規格に合わせ、車体幅２９５０㎜の拡幅車体を採用。２００００系とは異なり前面に非常用扉は設けられていない。

通常、ステンレス車両は無塗装、あるいはフィルムラッピングによるデザインが施されるが、より質感を高めるため、全

車両概要

●12000系
製造初年：2019年（平成31年）
車体構造：ステンレス
制御方式：VVVFインバータ制御、回生ブレーキ付
ブレーキ方式：電気指令式
主電動機出力：140kW
駆動方式：平行カルダン
車両数：60両

塗装によって「YOKOHAMA　NAVYBLUE」の深い色味を表現している。塗料には太陽光を美しく反射するパールマイカを配合し、外板の接合には歪みが少なく跡が残らないレーザー溶接を採用するなど、数々の技術によって美しい仕上がりを実現した。

今回初めて導入された車内用防犯カメラ。

「デザインブランドアッププロジェクト」に即したデザインの特徴のひとつであるつり革。

能面をモチーフとした独創的なデザイン

12000系最大の特徴は、20000系からさらに進化した独創的な先頭部だ。緻密な造形を実現するために、一般的なFRP（繊維強化プラスチック）ではなく普通鋼を採用。今までにない「横浜らしい顔」をコンセプトとし、日本の伝統芸能である能面の「獅子口」をモチーフとしている。これは獅子が、知恵の象徴である文殊菩薩の乗りものとされていたことに着想を得たもので、公共交通として「信頼のある顔」を目指している。高級乗用車のようなフロントグリルをアクセントとしている点は20000系と同様だが、印象はより精悍になった。

独創的な外観とは逆に、走行機器類は手堅い仕様だ。11000系と同様、2006（平成18）年に登場したJR東日本のE233系に準じており、主電動機（モーター）を積んだ電動車が6両、動力を持

ステンレス車体だが外板の継ぎ目が目立たず、凹凸のない滑らかな側面が12000系の特徴といえる（相鉄グループ提供）。

たない付随車が4両の10両編成（6M4T）となっている。台車は、揺れ枕（ボルスタ）を省略し、空気ばねがその役割を担う軸梁式ボルスタレス台車を採用。モーターの回転数を変化させる制御装置は、2019年時点で最も一般的なIGBT式VVVFインバータを使用するなど、実績ある機器でまとめられている。各駅に設置が進むホームドアに対応するため、正確な停車を支援する定位置停止装置（TASC）も搭載されたほか、加速度（加速力）は運行路線によって二段階に切り替えができる。最高速度は、相鉄線内では時速100㎞だが、JR線内での120㎞運転にも対応しており、2020年現在は新宿方面に乗り入れている。

より人に優しくなった車内空間

落ち着きのあるグレートーンでまとめられた客室は、車体幅が広い分通路がゆったりとしており、前後方向を広く見せる工夫が施されている。背の高さまで伸びたガラス製の大型袖仕切りや、直線的な握り棒は20000系と同じ。中間車のすべてに、車いすやベビーカーなどを置けるフリースペースが設定され、ユニバーサルデザインシートは高さが微調整された。20000系のユニバーサルデザインシート上部の荷物棚は、棚があると思って荷物を置こうとするケースが見られたため12000系では復活している。客室内の鏡は、車端部の妻面に設置された。

室内灯は最新のLED照明で、朝～昼はさわやかな昼光色、日中は落ち着いた白色、夜は温かみのある電球色に変わる。また、前方監視カメラと車内防犯カメラを初めて採用し、従来以上に安心して過ごせるようになった。

相鉄・JR直通線用の車両として、初めて東京都心に乗り入れを実現した相鉄車両である12000系。その高品位で独創的なデザインは、今まで「相模鉄道」を知らなかった東京都民に、その存在をアピールする走る広告塔だ。新宿駅などでは、鉄道ファンでなくてもスマホのカメラを向ける人を見かける。運転台がJRの車両ほど高くないので客室から前方の眺めが良く、相鉄沿線はもちろん、羽沢横浜国大駅付近の貨物線や、東海道新幹線と並行する多摩川付近、そして都心の車窓風景も楽しめる。快適で楽しく、格好いい、相鉄の新しいスタンダード車両である。

車内ドアスイッチ。20000系とはデザインが異なる。

ユニバーサルデザインシートは荷物棚が復活した。20000系とは色調が異なる。

相鉄車両　独自のこだわり❶

●時代に合わせて追求する技術改新

相模鉄道の鉄道業は1947（昭和22）年より「大東急」への委託を解除して以来、独自の道を歩み始めた。新造車両の投入は、1955（昭和30）年導入の5000系がそのはじまりだった。

この車両以降も強い独自性を打ち出した車両ばかりだ。どの車両にも、随所に独自の技術が盛り込まれており、先進性や個性が現れている。ここでは、そんな相模鉄道が取り入れている技術や独自性について解説する。

横浜駅に停車中の5000系（相鉄グループ提供）。

●直角カルダン駆動

現在、大手私鉄のなかで直角カルダン駆動の車両を導入しているのは相模鉄道だけ。これは同社の大きな特徴のひとつだ。

「直角カルダンは、車軸と直角に電動機やギアボックスを置く構造で、走行機器のサイズが大きくても納めることが可能です。車軸間の距離が広く、車両の走行音が静かになるともいわれています」（相鉄運輸車両部）。

こうした点は直角カルダンのメリットだ。しかし、電動機からの動力を伝えるにはどうしても特殊なギアが必要であり、平行カルダンと比べると製造費用が高額

整備のために並んでいた直角カルダンのパーツ。

化してしまうという。そのため、他社はどんどん平行カルダンに切り替えていったのだ。

しかし保守コストなどを考えるとメリットが大きかったからか、相模鉄道では、他社が平行カルダンに流れてからも直角カルダンが採用されている。8000系や9000系でも採用している。しかし10000系からはJRが開発したE231系などをベースにした車両が導入され、平行カルダンを導入。以降の車両ではそれを維持しており、現在は2つの駆動系が併用されている。

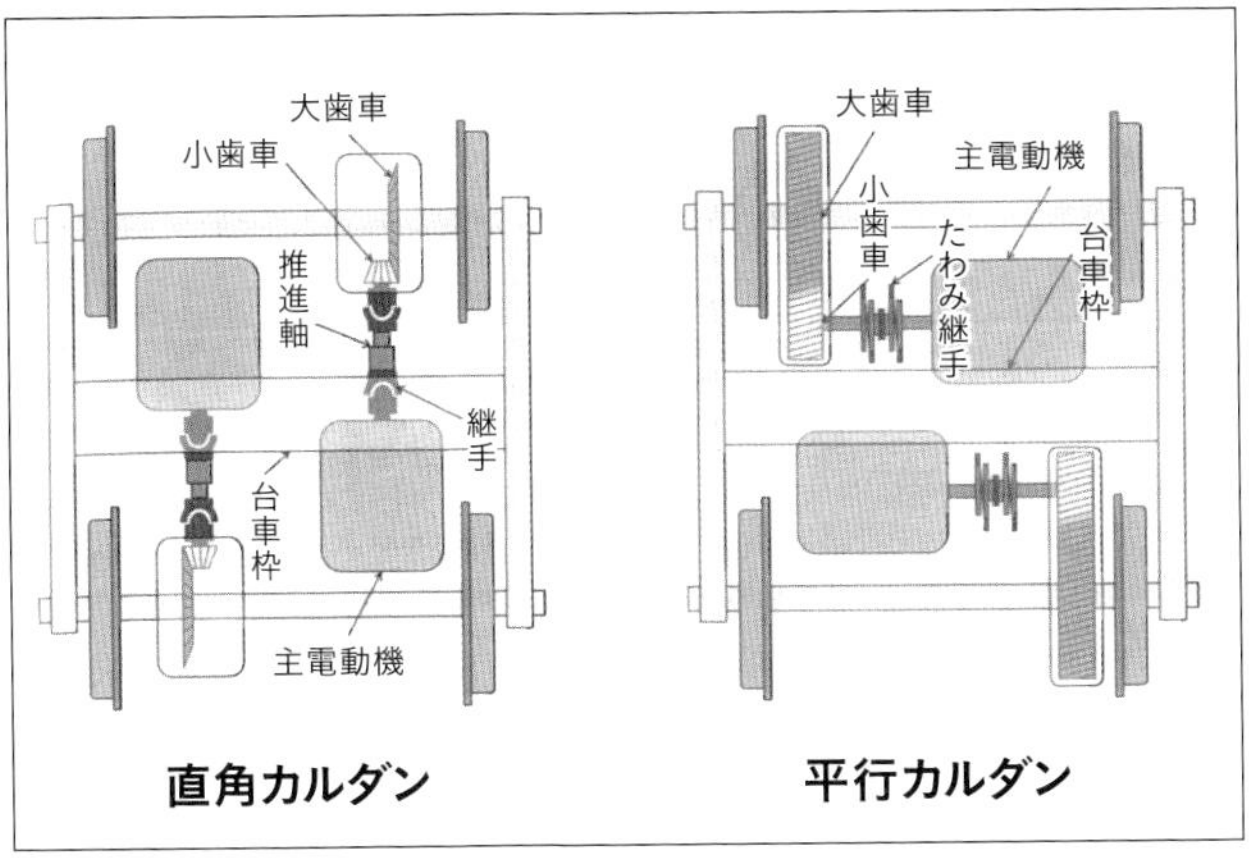

●アルミ合金製の車体

「アルミ合金は、それまでの鉄道車両に使われていた普通鋼と比べて高価な分、腐食にも強く、軽くて丈夫です。レールの負荷が減り、電力消費も抑えられます」（同）。

相模鉄道では、現在も8000系や9000系などにアルミ合金製の車体が使われている。そのはじまりは1967（昭和42）年に登場した6000系のひとつ、モハ6021。アルミ製車体の試作車として製造された。その後、2000系や5000系も改修に伴って車体を変更。7000系で本格的に導入された。10000系からはステンレス系の素材が主になったが、20000系では再びアルミ合金製の車体に。高価であるだけに品質のいい素材として使われ続けている。

2018（平成30）年2月より運行を開始した20000系もアルミ合金製（相鉄グループ提供）。

相鉄車両　独自のこだわり❷

●ディスクブレーキ

　相模鉄道の車両が持つ特徴のひとつに、外付けのディスクブレーキが採用されているという点がある。ディスクブレーキ自体は珍しくはないが、車軸間の制御機構のなかにあるのが基本で、外側に取り付けられるタイプの車両は一般的には少ない。

「相模鉄道で外付けが多いのは、直角カルダン駆動の車両が主だったからです。車軸間に大型電動機が入り、外付けにせざるを得なかったというのが一因です」(同)。

　相模鉄道ではこれを空気ブレーキのみで運用。製造コストを抑えた仕様で使いこなしている。

●自動窓

　最近は空調設備なども行き届いており、わざわざ電車の窓を開けたりしないのが普通となっている。しかし相模鉄道では、5100系の車体から、ボタンを押せば自動で開閉できる窓を全国で初導入。それがリニューアルした9000系まで受け継がれている。

「もちろん換気にも使えますし、災害時などによる停電時にも開けられるように、蓄圧式の開閉装置がついています」(同)。

自動窓の開閉ボタン(相鉄グループ提供)。

●車両センター取材

快く取材を受けていただき、車両センター内を見学。点検が行われており、巨大な部品などが並べられた光景を目にすることができた。

車体を持ち上げて台車を抜くための台車トラバーサ（相鉄グループ提供）（※同写真は取材当日のものではない）。

台車を外した車体のみをもち上げるオーバーヘッドクレーン（相鉄グループ提供）（※同写真は取材当日のものではない）。

同じく予備品として置かれていた集中式冷房装置。さまざまな種類が置かれていた。

予備品が置かれているところで見せていただいたＶＶＶＦ制御器。

車輪の旋削を行う機器。削正をして車輪の状態を保つ。

相鉄の取り組み　内部を知る

駅長　田《た》中《なか》一《かず》弘《ひろ》さん

営業部　二俣川管区長（二俣川・希望ケ丘駅駅長）

2年前に二俣川駅がリニューアルされました。これにはどのような目的があったのでしょうか？

2015年以来、相鉄グループでは「デザインブランドアッププロジェクト」に取り組んでいます。グループ全体でコンセプトを統一し、それに合わせて電車の車体や駅舎などをリニューアルしているのです。

二俣川駅はその典型的な例だといえます。駅舎自体はそのままに、デザインを変更。駅の外壁はレンガを、内装にはレンガのほか、鉄やガラスなどを用いてスタイリッシュに仕上げています。どれも「デザインブランドアッププロジェクト」のキーマテリアルです。また、駅サインもわかりやすく変更し、バリアフリー化の徹底やホームへの誘導チャイムなど、使いやすさにもこだわっています。

田中さんは2駅の駅長を兼任されていますが、具体的にはどのようなお仕事でしょうか？　また、駅に関わる方々の業務について教えてください。

私の役職は「管区長」です。管区内にある2つの駅の責任者であり、統括者になります。その下には「副駅長」「駅務係主任」（二俣川管区には配置なし）「駅務係A担当」「駅務係B担当」「駅務係C担当」といった具合に役職が分かれています。

当管区では、お客様の案内業務は全担当共通で、B担当はそこに金銭の管理などの営業業務が加わります。A担当になると、さらに信号装置の操作業務も含めた実務全般を担当することになり、これを駅務係主任以上が指揮、監督します。こうした業務分担により駅が動いています。

利用者が普段あまり気がつかないような業務のための、取り組みを何か行っていますか？

各駅係員はシフト制で出勤し、業務にあたっていますが、その業務の間にも年間計画に基づいた駅係員への教育や訓練などの時間が取られています。また、駅の運営に関する専門技能だけではなく、知識を深めるため、他の職場や他事業者への見学も実施しています。ほかにも、サービス介助士資格の取得や接客英語教育の受講など、常にお客様へのサービス向上の取り組みを行っています。

2018（平成30）年にリニューアルした二俣川駅駅舎（相鉄グループ提供）。

日々たくさんの乗客を乗せ、走り続ける相模鉄道。その運行は、私たちの目に入らない裏側での努力によって支えられている。そんな彼らの仕事について、スタッフたち自身に話を聞いた。

元運転士　廣石《ひろいし》竜也《たつや》さん

総務人事部　CS・広報担当

運転士になるために貴社で必要な資格や経験はありますか？

私は運転士として働いていましたが、そこに至るまでには長い道のりがありました。まず20歳以上で車掌を務める社員のうち、希望者が試験を受けます。合格者が緑園都市教習所に入所。運転士見習になります。その後、教習所で学科4カ月、技能5カ月の教習を受けます。学科と技能の教習後はそれぞれ修了試験があります。これに合格してようやく動力車操縦者運転免許が交付されます。

9カ月も教習を受けられるのですね。そのなかで思い出に残っていることはありますか？

技能教習の際、初めて電車を運転したことですね。相鉄線全線の運転時分や最高速度、運転に必要な曲線（カーブ）、勾配の大きさなどを覚え、指導操縦者の指導の下で運転に臨みます。私が初めて運転したのは大和駅から瀬谷駅の区間、手が震えるほどの緊張感のなか、指導操縦者に手を添えてもらって運転し、自分でブレーキをかけて電車をホームに止めました。この瞬間の達成感と感動は、私にとって今でも忘れられない思い出です。

貴社ではさまざまな電車が運行されていますが、電車も種類によって運転などに差はあるのでしょうか？

相鉄ではブレーキの方式や駆動形式などが異なる電車が走っているため、それぞれに違いがあります。さらに天候や時間帯によっても走っているときの感覚は少しずつ変わります。こうした点を把握して運転するのは、難しいですが充実した業務です。

運転中などたびたび声を出しているように見えますが、何と言っているのでしょうか？　また、どのような意味があるのでしょうか？

あれは「喚呼」といいます。運転中は信号や制限速度などを見て、「出発進行」「制限50」など、自ら口に出して再確認しています。乗客の皆さんには不思議に見えるかも知れませんが、目と耳の両方で確認を行うことで注意力の向上を図り、間違いを防止します。これは運転士全員に義務付けられています。

相鉄・JR直通線用車両の12000系（相鉄グループ提供）。

現在稼働中の路線バス。その多くが相鉄グループカラーで塗装されている。

止まる・視る・譲る「今日もお客様を乗せて」

相鉄グループのもうひとつの運輸事業である相鉄バス。ここにも、安全安心な輸送を追求し、快適に利用してもらうために努力している人々がいて、さまざまな取り組みが行われていた。

「バスの運転士は、バスを定刻通りに走らせていればいいわけではありません。お客様から運賃を受け取って乗客の乗り降りをチェックし、声をかけられれば対応して、トラブルがあれば対処します。鉄道でいう運転士や車掌、駅係員、そのすべての役割を担っているのです」

そんなバスの運転士が何より心掛けているのは、『止まる・視る・譲る』という基本動作だという。安全最優先、危険の予兆があればすぐに止まって確認する。歩行者や他の車両はもちろん、乗降する人や車内の乗客にも目を配る。ほかの車両にはこちらから道を譲る。地域に根ざしたバス会社としてこうしたことを心掛けておくのは、当たり前のようでとても大切だ。

安全運転訓練車

公共の交通機関として何より気をつけるべきはやはり安全。相鉄バスでは、より安全で確かな運行ができるように、定期的に訓練を行っている。ただし、これは自動車教習のようなものとは大きく異なっているのだ。

「運転士への教習には、専用の安全運転訓練車を使います。教習所のような場所のなかを走るわけではなく、実際の公道を決められたルートに沿って走ります。このとき、お客様の乗降もシミュレートし、そのときにきちんと各所に目を配っているかどうかチェックするのです」

旭営業所内にある安全運転訓練車。営業所にあるため、シフトによっては急遽指導時間を設け講習を受けてもらうことができるという。

こうしたチェックを可能にするのが、この安全運転訓練車に搭載された専用の設備だ。車外の前、後方や乗降ドアなど、走行中や利用者の乗降時に気をつける箇所に小さなライトが設置され、それらのライトを点滅させる専用の操作パネルが車内前方に置かれている。

訓練車内にある操作パネル。教官はこの機器を使って運転士が目視すべき箇所のランプを点けたり、視線がどこを見ているかを捉え細かく指導を行うことができる。

77ページの操作パネルを使って、目視で見落としがちな箇所のランプを光らせる。ミラーでしか見えない箇所についたランプも多く、見たつもりを防止するのにとても有効なのだと伺った。

このライトは自由に色も変えられるため、操作パネルを操る担当教官が要所要所でライトの色を尋ね、きちんと見ているかを確認する。

「さらに特徴的なのが、運転士がかける、内側と外側に小型のカメラをつけた眼鏡型の端末。外側のカメラで運転士の視野の方向を、内側のカメラで運転士の目線の動きを捉えます。この2つが連動することで、運転士が顔をどこに向けていて、かつ、そのどこに視線がいっているのかがモニターでわかるようになっているのです」

このように安全運転訓練車によって、運転時の「止まる」と「譲る」だけでなく「視る」の部分もカバーできる。こうした取り組みで、相鉄バスの日々の安全がつくりあげられているのだ。

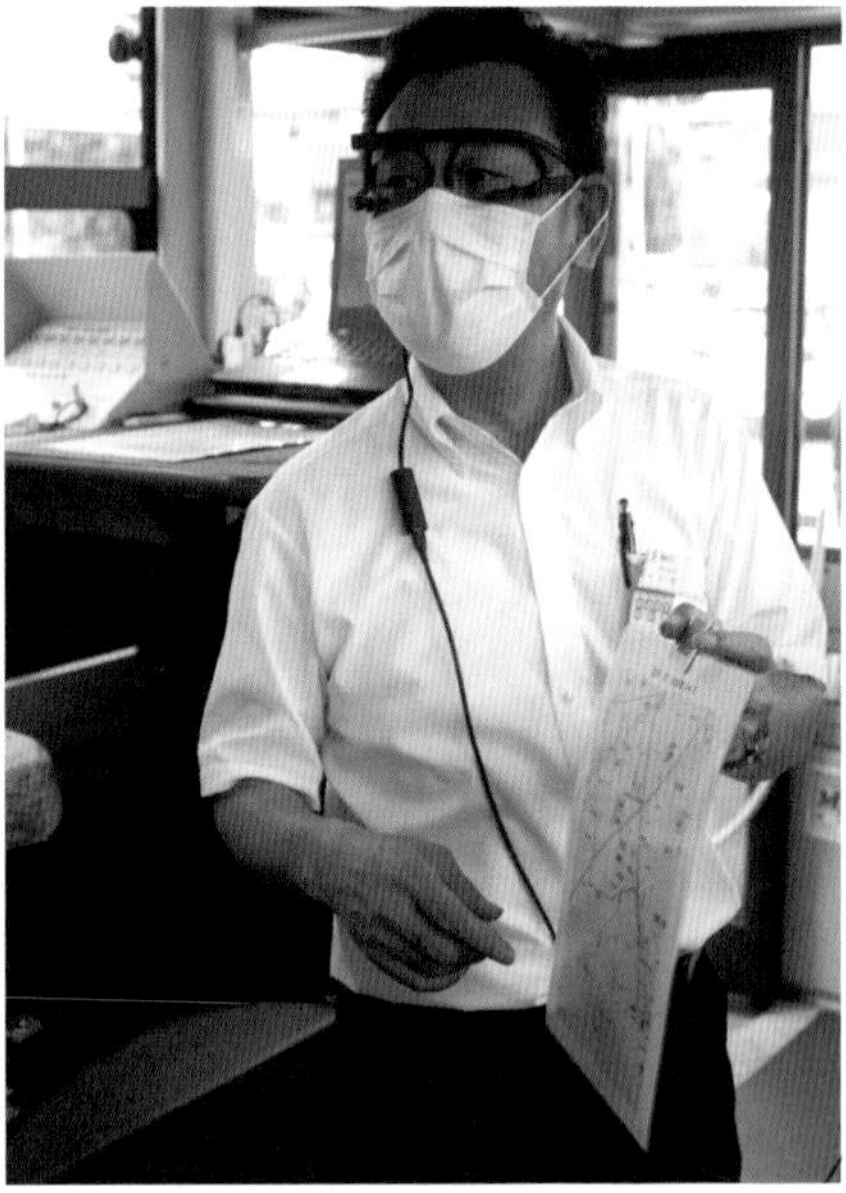

眼鏡型の端末を装着して説明している様子。手には公道での訓練のためのルートマップを持っている。

自動運転バス

相鉄バスの取り組みは、さらにこれからの未来を目指して進み続けている。その筆頭ともいえるのが、現在実証実験などを行っている、自動運転バスの投入だ。自動運転には「運転支援」「部分運転自動化」「条件付運転自動化」「高度運転自動化」「完全運転自動化」という5段階のレベルがある。2019年9月の実証実験によって運行に成功したのが、第二段階である「部分運転自動化」だ。

車外の運転状況を把握するためのカメラと、信号を検知するための全方位カメラおよび各種センサー類。

実証実験では、自動運転システムの訓練を受けた運転士が席についた状態で、決められたルートを操作せずに走行を行うという実験が行われた。車体の上に付いたGPSアンテナや周囲を測定するセンサー、前後に取り付けられたカメラなどを利用して周囲の状況を把握でき、それぞれの方向の障害物との距離を明確に計測することが可能である。

自動運転バスには、運転席にカメラの映像が見られるモニターと緊急停止ボタンが付いている。

試乗によって安心できたという声も

「この実験では、実際に約5000名のお客様を乗せて運行しました。もちろん、事前にお客様には、自動運転バスに乗ることを了承いただいたうえです。そのときはスピードが遅いという方や、停止時のブレーキが不自然だったという方もいましたが、事故や問題も起こらず、思ったよりもスムーズだった、お母さんの運転よりうまい、というポジティブな反応が多く、ホッと胸をなで下ろしました」

しかし、当然ながらまだまだ実験段階、運転士も自動運転に慣れておらず、車は動いているのにハンドル操作が必要ないという状況に、普段と異なる緊張感があって戸惑ったという。そこで、手をハンドルに添えやすくするため、運転席には新たに肘掛けを設置した。この自動運転バスの開発は現在も進められており、将来的には、決まったルート内であれば運転関係の業務はすべてシステムが担う、「高度運転自動化」の実現を目指しているという。

この肘掛けのおかげで、ハンドルに手を添えることが随分楽になったという。

自動運転バスは運転席の後ろに機器を装備するため、ひと席分が使用されている。

昭和40年代当時における標準塗装の路線バスと、1977（昭和52）年に登場したグリーン基調の路線バス（相鉄グループ提供）。

変化し続ける相鉄バス

ここまでみてきたように、相鉄バスは最新技術を用いた安全への取り組みや、未来に向けた自動運転などに挑戦している。また、企業とタッグを組んでのラッピングバスの運行も行っている。

相鉄グループのバス事業は、戦前に相模鉄道の乗合バス事業からスタートした。戦時中には一時営業を中止していたが、1950（昭和25）年、沿線住民の要望に応えるべく再開。その後、相鉄グループによる沿線開発の発展に伴って、貸切バスやコミュニティバス、深夜バスや高速バスなども展開し、活躍の場を広げてきた。

しかし、地域のための路線であるという姿勢は変わってはいない。安全運転へのこだわりもその一環だ。鉄道との連携も強く、鉄道のダイヤ改正に合わせて運行時刻を変更し、利用者に寄り添えるように努めている。今や地元の人々にとってなくてはならない大切な足となっているのだ。

「相鉄ならではの、珍しいバスはないですか？ と言われて、そういえばと思ったんです」と見せてもらったワイパー付ミラー。トラックで使用しているものを改造して活用したものだそう。このミラーを使用している車両は横浜新道線を走行している。

相鉄グループ提供

相鉄ならではの個性的なビジュアルを持つ駅たち。相模鉄道が創出した世界観とレンガ、鉄、ガラスというキーマテリアルが、日本の玄関口として栄えたかつての華やかな情景をどこか思い起こさせてくれる。年月を重ねるごとに味わい深くなっていく駅、これから生まれ変わろうとする駅、どれも私たちの生活に寄り添ってくれる存在だ。

第3章

相鉄線全駅ガイド

SO 01 Yokohama

横浜駅

相鉄ジョイナスが完成後の横浜駅西口（相鉄グループ提供）。

横浜駅の発展に貢献した相模鉄道

鉄道各社が乗り入れるターミナル、横浜駅。神中鉄道時代の1933（昭和8）年、現在の相鉄本線は横浜駅の西口への乗り入れを実現する。既に1928（昭和3）年には、東京横浜電鉄（現・東急東横線）が建設中の国鉄横浜駅の裏を通り、少し遅れて国鉄（現・JR）の横浜駅（三代目）が開業した。さらに京浜電気鉄道（現・京急本線）も1929（昭和4）年に仮開通していた。

神中鉄道は、1926（大正15）年には、まず二俣川～厚木駅間で開通。その後は横浜側に路線を延ばし、同年に星川（現・上星川）駅、1927（昭和2）年に北程ケ谷（現・星川）駅まで開通した。西横浜駅の開業は1929（昭和4）年で、念願の国鉄駅（横浜）との直接の連絡を果たすのはその4年後である。

1933（昭和8）年に、ようやく横浜駅への乗り入れを果たした

駅概要	
開業	1933年（昭和8年）12月27日
路線名	相鉄本線
駅番号	SO01
駅構造	高架駅
ホーム	4面3線
乗降人数	421,910人
バリアフリー設備	エレベーター、エスカレーター、列車接近表示器、行先案内表示器、多機能トイレ
停車	特急、通勤特急、急行、通勤急行、快速、各停

※115ページまでの駅概要はすべて2020年5月現在のものです。ただし、乗降人数は2019年度の1日平均乗降人数です。

が、その10年前の関東大震災がこの地に残した爪痕は大きかった。現在の横浜駅の一帯は、当時あったアメリカの石油会社の貯蔵庫が震災によって出火し、周囲は焼け野原になっていたのだ。貯蔵庫の再開は近隣住民の反対で頓挫しており、神中線が乗り入れた当時、横浜駅の西口は空き地の状態だったという。

戦時中はこの土地を日本軍が没収していたが、戦後には米軍に接収され石油会社のもとに戻った。しかし、石油会社はすぐにこれを手放し、競売にかけている。それを見事落札したのが相模鉄道だった。

相模鉄道はこの地の開発を大きなチャンスと考え、1955（昭和30）年に西口開発を主目的とした相鉄不動産を設立。商店街の建設を計画し、髙島屋に出店を打診した。髙島屋はストア出店のかたちで受けたのだが、これを皮切りに西口の開発は進み、髙島屋のデパートの正式出店、飲食娯楽街の形成や国鉄（JR）の駅ビル、東急ホテルの開業、地下街のオープンと続いた。これに伴って東口でも複合施設スカイビルや駅ビル横浜ルミネの完成、そごうの進出などが巻き起こる。横浜駅周辺は首都圏を代表する繁華街になったのだ。

1945～1950年頃の横浜駅周辺。西口には後に❶相鉄ジョイナス、❷横浜髙島屋、❸横浜ベイシェラトン ホテル＆タワーズなどができる（国土地理院航空写真をもとに作成）。

1956（昭和31）年に開業した横浜駅名品街。右手に髙島屋ストア、左手に相鉄線横浜駅が見える（相鉄グループ提供）。

平沼橋駅

「デザインブランドアッププロジェクト」の一環で、全駅の中で最初に全面リニューアルされた駅舎（相鉄グループ提供）。

豪商の名前から命名された駅

この駅付近には、かつて平沼橋という橋がかけられていた。元々この地は平沼九兵衛という豪商が埋め立てた土地であったために平沼という地名になっており、帷子川にはその名を冠した橋がかけられていた。

1928（昭和3）年に東海道本線の線路と帷子川を越える新しい平沼橋がつくられたことで、旧橋は元平沼橋に改名されている。現在の平沼橋は新平沼橋を1997（平成9）年に改修し、かけ直したものである。

平沼橋駅は1931（昭和6）年に開業、1970（昭和45）年には橋上駅舎に改装されていたのだが、近年相鉄グループの「デザインブランドアッププロジェクト」の一環として全体のデザインを改良。2017（平成29）年1月に完成した現在の駅舎は、色合いがシックに統一され案内板もわかりやすく、利用者に親切なつくりになっている。

駅概要	
開業	1931年（昭和6年）10月25日
路線名	相鉄本線
駅番号	SO02
駅構造	地上駅
ホーム	島式1面2線
乗降人数	8,926人
バリアフリー設備	エレベーター、列車接近表示器、多機能トイレ
停車	各停

SO 03 Nishi-yokohama

西横浜駅

1924（大正13）年の免許申請では終点に計画されていた（相鉄グループ提供）。

かつて終着駅だった西横浜駅

現在の相鉄本線（当時・神中鉄道）の横浜側の終着駅は、この西横浜駅だった時期がある。横浜駅で、国鉄との接続を目指していた神中鉄道だが、接続相手の国鉄側の東海道本線のルートと、横浜駅の位置が移設されることになったため、横浜〜西横浜駅間の建設工事が進まなかったのである。1915（大正4）年に現在の地下鉄高島町駅付近に開業した横浜駅は、関東大震災で被災。1928（昭和3）年に現在の位置に新しい横浜駅（三代目）が開業した。そのなかで、神中鉄道は1929（昭和4）年にこの西横浜駅を開業。駅構内に本社も置き、ひとまずはここを起点に二俣川・厚木方面へ電車を走らせたのである。

横浜駅からのアクセスが良く、付近には「野毛山動物園」といった観光スポットもある。

駅概要

開業	1929年（昭和4年）2月14日
路線名	相鉄本線
駅番号	SO03
駅構造	地上駅
ホーム	島式1面2線
乗降人数	14,832人
バリアフリー設備	エレベーター、エスカレーター、列車接近表示器、多機能トイレ
停車	各停

SO 04 Tennōchō

天王町駅

連続立体交差事業の一環として、現在改修工事が進められている天王町駅（相鉄グループ提供）。

駅概要	
開業	1930年（昭和5年）9月10日
路線名	相鉄本線
駅番号	SO04
駅構造	高架駅
ホーム	相対式 2面2線
乗降人数	27,313人
バリアフリー設備	エレベーター、エスカレーター、列車接近表示器、多機能トイレ
停車	各停

名浮世絵師の作品に残る帷子川

天王町駅の南側には、かつて江戸時代の浮世絵師、歌川広重が絵の題材にした帷子川と東海道の帷子橋があった。現在、天王町駅前公園になっている場所だ。この天王町駅の駅舎は、1945（昭和20）年の横浜大空襲で被害を受けて焼失してしまっているのだが、この美しい川と橋は戦災をまぬがれ残っていた。

しかし戦後、1964（昭和39）年になると、帷子川は河川の改修工事で川筋が変わり、帷子橋もお役御免に。新たな帷子橋が、駅の北側を流れる川にかけられた。しかし古い橋の一部は処分されず、橋があった天王町駅前公園の広場には「帷子橋」と刻まれた欄干が残されている。

所在地名である「天王町」は駅の北側にある「橘樹神社」に由来するもの。この神社では神仏習合でスサノオと同一視された牛頭天王が祀られており、元々は「牛頭天王社」と呼ばれていた。

SO 05 Hoshikawa

星川駅

駅から10分圏内に役所や商業施設が集まっている利便性のいい駅。
写真はリニューアルされた改札口(相鉄グループ提供)。

保土ケ谷区の中枢として発展

星川駅は1927(昭和2)年の開業当時、北程ケ谷駅という名前だった。この地域を流れていた川が枯れたことから「干し川」が転じて「星川」という説や、川の水が澄んでいて夜の星をよく映したため、星が映る川で「星川」となったという説がある。

かつてこの駅の周辺は工場などが並んでいた。北側には戦前、富士瓦斯紡績の工場があったが、戦時中に兵器工場に転換。戦後、米軍の接収を受けた後、その跡地を利用して保土ケ谷警察署や郵便局、区役所などがつくられた。現在はこうした官公庁が置かれ、星川駅周辺が保土ケ谷区の中枢といえるエリアになっている。

また、駅の南東側にあった広大なビール製瓶工場は、現在オフィスビル群を中心にしたビジネスセンター「横浜ビジネスパーク」に姿を変え、街のひとつのランドマークになっている。

駅概要

開業	1927年(昭和2年)5月31日
路線名	相鉄本線
駅番号	SO05
駅構造	高架駅
ホーム	2面4線
乗降人数	28,302人
バリアフリー設備	エレベーター、エスカレーター、列車接近表示器、多機能トイレ
停車	快速、各停

SO 06 Wadamachi

和田町駅

駅の北北東、徒歩でおよそ10分ほどの距離に常盤公園がある（相鉄グループ提供）。

明治の実業家の別荘が住民憩いの公園に

和田町駅の前身は、現在よりも星川駅寄りにあった常盤園下駅だった。「常盤園」とは、明治時代の実業家、岡野欣之助が1914（大正3）年に公開した別荘だ。桜の名所として知られていただけでなく、ぶどう園や養鶏場などもあった。後に横浜市に買収されて常盤公園となり、現在はサッカー場やテニスコート、弓道場などがあり、広くスポーツやレクリエーションを楽しめるスポットになっている。

常盤園下駅は戦中に休止したが、1952（昭和27）年に現在の和田町駅に名前を変えて復活した。所在地である「和田町」は、付近にある「和田稲荷神社」に由来するもの。この神社には、鎌倉時代に活躍した武将、和田義盛が祀られている。

和田町駅を出て帷子川を渡り、北東に進むと、左手に常盤公園が、右手に横浜国立大学がある。

駅概要

開業	1952年（昭和27年）8月15日
路線名	相鉄本線
駅番号	SO06
駅構造	地上駅
ホーム	相対式 2面2線
乗降人数	18,017人
バリアフリー設備	エレベーター、列車接近表示器、多機能トイレ
停車	各停

SO 07 Kami-hoshikawa

上星川駅

開業当初は、当線の終着駅「星川駅」としてスタートした。

路線の延長により駅名変更

和田町駅を挟んで、その前後に「星川」の名を持った駅がある。神中鉄道が当駅を開業した1926（大正15）年当時、ここは「星川駅」という名前で神中線の一時的な終点だったが、開業の翌年に延伸されて、北程ケ谷駅（現・星川駅）までが開業した。その後、1933（昭和8）年に北程ケ谷駅が「星川駅」に改名され、元々星川駅だったこの駅が、所在地名に合わせて「上星川駅」となる。それまでは、北程ケ谷駅、常磐園下駅、星川駅という並びだったのが、名称変更を経て現在のような順になったのだ。

駅概要	
開業	1926年（大正15年）12月1日
路線名	相鉄本線
駅番号	SO07
駅構造	地上駅
ホーム	相対式 2面2線
乗降人数	26,006人
バリアフリー設備	エレベーター、エスカレーター、列車接近表示器、多機能トイレ
停車	各停

駅前にはひとつの珍しい建物がある。「ルネ上星川」という巨大マンションで、建物は壁全体が真っ白、土地の斜面に沿って斜めに建てられている。小さな一戸建ての集合体のように見えるが、れっきとした一棟のマンションで、斜めに走っているエレベーターが特徴的。

西谷駅

1966（昭和41）年に橋上化される前の駅舎。
現在は相鉄が取り組んでいるプロジェクトにとってなくてはならない駅となっている（相鉄グループ提供）。

駅概要	
開業	1926年（大正15年）12月1日
路線名	相鉄本線　相鉄新横浜線
駅番号	SO08
駅構造	地上駅
ホーム	2面4線
乗降人数	24,551人
バリアフリー設備	エレベーター、エスカレーター、列車接近表示器、多機能トイレ
停車	JR直通 特急、特急、通勤特急、通勤急行、快速、JR直通 各停、各停

相鉄の都心直通を担う期待の駅

西谷駅は、相模鉄道が近年進めている「都心直通プロジェクト」の拠点駅だ。2019年11月に開始したJR線との直通運転の連絡線が、この西谷駅から新駅の羽沢横浜国大駅へとつながっている。

この駅は上星川駅と同じ1926（大正15）年、駅が位置していた村の名前に合わせて開業。その後、西谷村は横浜市に編入されて消滅したのだが、1960（昭和35）年に西谷町として復活している。なお、駅名はその間もずっと「西谷」のままだ。

上星川駅と西谷駅との間には非常に長い距離が開いているが、これは、この2駅間にかつて駅が存在していたことに由来する。新川島という駅だったのだが、1944（昭和19）年に休止され、そのまま1960（昭和35）年に廃止されてしまった。

SO 09 Tsurugamine

鶴ケ峰駅

1978（昭和53）年頃の駅舎。1962（昭和37）年に相鉄線で初めて橋上駅舎化した（相鉄グループ提供）。

相鉄線初の橋上駅は、かつての宿場町に

1930（昭和5）年9月までに西横浜駅や常磐園下駅（現在の和田町駅）などが開業。常磐園下駅開業に1月半ほど遅れて、鶴ケ峰駅も開業している。この駅が置かれている場所の北西には、八王子街道の川井宿という宿場があった。神中鉄道の開通前から栄えていたが、戦後、付近は厚木街道の分岐点になり、現在は横浜市旭区の中心になっている。

こうした背景もあって元々利用者の多い駅だったのだが、1962（昭和37）年に駅舎を改装。線路の両側に階段が取り付けられ、線路を跨ぐように駅が置かれているというだけの質素なものだが、相鉄線で初めての橋上駅となった。しかしその後、近隣の住宅開発が進むとともにさらに利用者が急増。これに対応するべく、1978（昭和53）年には駅の増築工事が行われた。

駅概要

開業	1930年（昭和5年）10月25日
路線名	相鉄本線
駅番号	SO09
駅構造	地上駅
ホーム	相対式 2面2線
乗降人数	57,070人
バリアフリー設備	エレベーター、エスカレーター、列車接近表示器、行先案内表示器、多機能トイレ
停車	通勤特急、通勤急行、快速、JR直通各停、各停

SO 10 Futamata-gawa 二俣川駅

最新の駅舎は、商業施設「ジョイナステラス二俣川」が併設されますます利便性が増した（相鉄グループ提供）。

神奈川県民なら誰しもが知る「ふたまた」

相鉄本線といずみ野線の両方が乗り入れる二俣川駅。相鉄線の主要駅のひとつといえる。開業したのは1926（大正15）年、相鉄線の前身である神中線がスタートし、現在の相鉄本線の一部が開通した当初のこと。まず二俣川駅を暫定的な終点にして、厚木駅からの路線を開通させた。

さらに、ここは運転免許センターの最寄り駅になっていることもあり、神奈川県内ではかなり知名度が高い。神奈川県民からは「ふたまた」の愛称で親しまれているという。

駅概要

開業	1926年（大正15年）5月12日
路線名	相鉄本線 いずみ野線
駅番号	SO10
駅構造	地上駅
ホーム	2面4線
乗降人数	82,602人
バリアフリー設備	エレベーター、エスカレーター、列車接近表示器、行先案内表示器、多機能トイレ
停車	JR直通 特急、特急、通勤特急、急行、通勤急行、快速、JR直通各停、各停

そんな二俣川駅だが、近年は周辺の様相が少し変わり始めている。北側に「二俣川ライフ」、南に「二俣川グリーングリーン」という2つの駅ビルを備え、地元の中心地となるような規模の大きい駅で

もあったのだが、1996（平成8）年、駅の北口に再開発ビル「アルコット二俣川」が完成した。さらに、南口の「二俣川グリーングリーン」跡地に、2018（平成30）年、相鉄グループが運営する商業施設「ジョイナステラス二俣川」が生まれている。ここには認可保育園やオフィスなども入っており、住民にとってなくてはならないスポットのひとつだ。

もちろん肝心の駅舎も相鉄グループの「デザインブランドアッププロジェクト」によって大きくリニューアル。グレーを基調に煉瓦風のデザインが施され、非常にオシャレで綺麗な駅に生まれ変わった。2019（令和元）年11月末に始まったJR線と相鉄線の相互直通運転もあり、これからますますの発展が見込まれる、相鉄線の重要拠点のひとつとなっている。

1964（昭和39）年に橋上駅舎化した二俣川駅（相鉄グループ提供）。

二俣川駅から、運転免許センターまでは徒歩でおよそ15分。近くには病院や看護学校などもある（国土地理院標準地図をもとに作成）。

SO 11 Kibōgaoka 希望ケ丘駅

1967（昭和42）年頃の希望ケ丘駅（相鉄グループ提供）。

駅概要	
開業	1948年（昭和23年）5月26日
路線名	相鉄本線
駅番号	SO11
駅構造	地上駅
ホーム	相対式 2面2線
乗降人数	34,405人
バリアフリー設備	エレベーター、エスカレーター、列車接近表示器、多機能トイレ
停車	急行、通勤急行、快速、JR直通各停、各停

住民の願いが駅名だけでなく地名にも

1948（昭和23）年、終戦後の混乱のなかで開業された希望ケ丘駅。この駅名は公募と住民投票によって決められており、まさに敗戦から復活しようという「希望」が込められていた。後には周辺の地名も、駅名に合わせて変更されている。

相模鉄道では、この駅の開業とともに周辺の住宅開発にも注力。より多くの住民を呼び込むべく、学校の誘致も行っている。誘致されたのが現在の県立希望ケ丘高等学校だ。戦前は旧制の神奈川県立横浜第一中学校だったのだが、戦後の学制改革を経て、1951（昭和26）年に名前を変更し、移転。ほかにも近辺の開発は盛んで、1954（昭和29）年には高校の隣に国立神奈川総合職業補導所（現在の関東職業能力開発促進センター）を誘致した。

三ツ境駅

相鉄ストア三ツ境店開業時の様子。後の相鉄ローゼンとなる相鉄ストアの1号店である(相鉄グループ提供)。

武蔵と相模の国境「三ツ境」

瀬谷区役所の最寄り駅である三ツ境駅。「三ツ境」とは近辺の地名で、ここは武蔵と相模の国境であり、1939(昭和14)年まで存在していた3つの村の境界にあたることから名付けられたという説がある。

三ツ境駅に特急は止まらないが、周辺の住宅地や商業施設なども充実しており、ベッドタウンとしては快適な街だ。この街は、相模鉄道による戦後の沿線開発の恩恵をかなり受けている。1963(昭和38)年に完成した、「相鉄三ツ境ビル」は盛況を極め、店舗のスペースが足りなくなり、隣に平屋建ての別館を建設。人気が高かった家具屋が別館で営業されていた。同駅前ではその後大規模開発が行われ、現在は「相鉄ライフ三ツ境」として、駅の北側に沿う巨大なショッピングセンターになっている。

駅概要

開業	1926年(大正15年)5月12日
路線名	相鉄本線
駅番号	SO12
駅構造	地上駅
ホーム	相対式 2面2線
乗降人数	57,806人
バリアフリー設備	エレベーター、エスカレーター、列車接近表示器、行先案内表示器、多機能トイレ
停車	急行、通勤急行、快速、JR直通各停、各停

SO 13 Seya

瀬谷駅

1960（昭和35）年頃の瀬谷駅（相鉄グループ提供）。

複線化により大きく発展した瀬谷

瀬谷駅の名前の由来は、同地の地名から。瀬谷は東側に相沢川、西側に境川が流れており、その間にある土地だった。そのため、「狭い谷」と書いて「狭谷」と呼ばれていたのが、転じて現在の「瀬谷」になったといわれている。

瀬谷駅と三ツ境駅との間には、かつて神中鉄道の二ツ橋駅があった。1926（大正15）年に開業するも、1944（昭和19）年に休止されてしまい、そのまま1960（昭和35）年に廃止された。

この二ツ橋駅廃止の同年、三ツ境駅から大和駅までの区間は複線化を遂げ、路線の利便性が大きく向上。横浜駅西口に向かう買い物客を誘致する特別列車「おかいもの電車」も運行されていた。現在はさらに近隣の駅周辺で開発が進み、住宅地として愛される街になっている。

駅概要

開業	1926年（大正15年）5月12日
路線名	相鉄本線
駅番号	SO13
駅構造	地上駅
ホーム	2面4線
乗降人数	44,085人
バリアフリー設備	エレベーター、エスカレーター、列車接近表示器、行先案内表示器、多機能トイレ
停車	急行、通勤急行、快速、JR直通各停、各停

SO 14 Yamato

大和駅

昭和30年代の大和駅。小田急江ノ島線の大和駅との兼ね合いで駅を移動させたり、放火によって全焼したりしてしまった（相鉄グループ提供）。

駅概要

開業	1926年（大正15年）5月12日
路線名	相鉄本線
駅番号	SO14
駅構造	地下駅
ホーム	島式 1面2線
乗降人数	115,878人
バリアフリー設備	エレベーター、エスカレーター、列車接近表示器、行先案内表示器、多機能トイレ
停車	JR直通 特急、特急、急行、通勤急行、快速、JR直通 各停、各停

小田急と共同使用している大和駅

この地に初めて鉄道が走ったのは１９２６（大正15）年のこと。神中鉄道が現在よりもやや東側に大和駅を置いた。３年後に小田急が西大和駅を置いたのが現在の大和駅の場所だ。そして１９４４（昭和19）年、戦時輸送の効率化を図るため両駅の連絡が決定。大和駅が西大和駅寄りに移り、大和駅として統合された。

現在、この駅の西側、米軍厚木基地の北にある線路上には平地であるにもかかわらず、１００mほどのトンネルがつくられている。これは１９６４（昭和39）年、大和駅と相模大塚駅の間の複線化に際して設置されたものだ。少し前に同基地でジェット機が墜落する事故が起こったことを受け、線路を守るために用意されており、現在も残されている。

SO 15 Sagami-ōtsuka

相模大塚駅

この駅で多くのイベントが行われている。相鉄ファンなら1度は行ったことがあるだろう（相鉄グループ提供）。

そうにゃん御用達? イベントには欠かせない駅

開業当時の相模大塚駅は、現在のさがみ野駅とほぼ同じ位置にあった。駅名の由来は、付近の大山街道沿いにあった旧地名の大塚からきている。その後、1943（昭和18）年に駅は現在の駅の位置である大和市桜森へと移転した。当時は木造地上駅だったが、1975（昭和50）年に現在の橋上駅舎に改装。それに合わせて50mほど大和駅方向に移動している。

かつては南東の厚木飛行場への引き込み線がこの駅から伸びていた。現在は廃止されているが、線路や踏切などの設備は残ったままだ。

相模大塚駅は、新車両デビュー時の撮影会や引退車両のラストランイベントなどがよく行われる。相模鉄道キャラクター、「そうにゃん」も度々姿をみせており、ファンにはなじみ深い駅だ。

駅概要

開業	1926年（大正15年）5月12日
路線名	相鉄本線
駅番号	SO15
駅構造	島式 地上駅
ホーム	1面2線
乗降人数	14,284人
バリアフリー設備	エレベーター、エスカレーター、列車接近表示器、多機能トイレ
停車	急行、通勤急行、快速、JR直通各停、各停

SO 16 Sagamino

さがみ野駅

厚木基地の最寄り駅としてできた駅。
現在は米海軍だけでなく、海上自衛隊の基地も近接している（相鉄グループ提供）。

3度も駅名が変わったさがみ野駅

1946（昭和21）年に開業したのが、現在のさがみ野駅の前身の駅だ。当初の駅名は柏ケ谷駅。わずか1カ月後に、大塚本町駅に改称される。駅名はいずれも地名に由来する。

1975（昭和50）年になると今度は駅の位置が大きく移動する。890mも横浜方面に向かって移り、それと同時に駅名がさがみ野駅となった。名前の由来は、駅周辺の海老名市や大和市の一帯が位置する、相模川沿いの河岸段丘である相模野台地から。

また、この移動に合わせて、大塚本町駅があった場所から数百m海老名側に、かしわ台駅が設置された。こうした経緯でつくられたため、さがみ野駅とその前後の駅とはともに1kmちょっとしか離れておらず、相鉄本線のなかでも駅間距離が比較的短い区間となっている。

駅概要

開業	1975年（昭和50年）8月17日
路線名	相鉄本線
駅番号	SO16
駅構造	地上駅
ホーム	相対式 2面2線
乗降人数	37,399人
バリアフリー設備	エレベーター、エスカレーター、列車接近表示器、多機能トイレ
停車	急行、通勤急行、快速、JR直通各停、各停

かしわ台駅

相模鉄道唯一の車両センターの最寄り駅。駅を出ると目の前に見ることができる。

相模鉄道を支える車両センターの最寄り駅

現在、相模鉄道に車両基地は一カ所しかない。その唯一の車両基地であるかしわ台車両センターの最寄り駅が、このかしわ台駅だ。開業したのは、さがみ野駅が大塚本町駅から名前を変え、現在地で開業した1975（昭和50）年のこと。廃止となった大塚本町駅の旧駅舎を東口駅舎として、ホームを東口駅舎からつながる連絡通路として利用した。

かしわ台駅が開設した当時、かしわ台車両センターは「かしわ台工機所」と呼ばれていた。駅はこの工機所に隣接するかたちで開業。駅前の跨線橋から多くの車両を眺めることができる。また、車両センターの入り口付近には、神中鉄道初期の蒸気機関車「神中3号」と「ハ20形客車」が展示されている。

相鉄本線でこのかしわ台駅を過ぎると、次は終点である海老名駅へと向かうのだが、実はこの2

駅概要

開業	1975年（昭和50年）8月17日
路線名	相鉄本線
駅番号	SO17
駅構造	地上駅
ホーム	2面4線
乗降人数	18,665人
バリアフリー設備	エレベーター、エスカレーター、列車接近表示器、多機能トイレ
停車	急行、通勤急行、快速、JR直通各停、各停

つの間には、かつて相模国分駅という駅が存在していた。開業したのは神中線の開通と同じ１９２６（大正15）年、当時はここから厚木駅へと向かう路線が神中線の本線となっていたのだ。しかし、海老名駅に通じる路線が１９４１（昭和16）年に開通したことで、この路線は乗客を乗せない貨物線に変更。それ以降、相鉄線の厚木駅は貨物駅として運用されている。

　これと同時に相模国分駅も旅客営業を終了し、厚木駅と同様の貨物駅となった。さらにその後、１９７０（昭和45）年には駅から信号所となった。厚木駅へと貨物を運ぶための分岐点として稼働し続けている。

かしわ台駅西口にある車両センター。ここですべての車両を点検している。

現在は車両センターに展示されている「神中３号」（相鉄グループ提供）。

海老名駅

現在はJR、小田急も含めた3線が乗り入れるターミナルとなっている(2017年撮影、相鉄グループ提供)。

今や人気の街として発展

海老名駅の東側には、国の史跡である相模国分寺跡が存在している。相模国の国府所在地は不詳だが、国分寺付近にあったという説も有力で、このあたりが古くは相模国の中心であったことは間違いない。しかし、その後は田畑が広がる高座郡の一部となり、1889(明治22)年に海老名村が成立。海老名町を経て、1971(昭和46)年に海老名市が誕生している。近年、海老名駅の周辺は大きな発展をみせている。アクセスの良さや、交通の要衝となったこともあり、2002(平成14)年に「ビナウォーク」、2015(平成27)年に「ららぽーと海老名」など、いくつもの商業施設がオープンし、繁華街も賑わっている。

ここに駅をつくったのが神中鉄道だった。1941(昭和16)年、小田急線に接続するため相模国分か

駅概要	
開業	1941年(昭和16年)11月25日
路線名	相鉄本線
駅番号	SO18
駅構造	地上駅
ホーム	1面2線
乗降人数	123,213人
バリアフリー設備	エレベーター、エスカレーター、列車接近表示器、行先案内表示器、多機能トイレ
停車	JR直通 特急、特急、急行、通勤急行、快速、JR直通 各停、各停

ら新線を敷設、接続駅として海老名駅を開設。神中鉄道の車両は海老名駅から小田急線に乗り入れ相模川を渡って、現在の本厚木駅、当時の相模厚木駅への直通運転を行った。

１９４３（昭和18）年に小田急線が海老名駅で旅客営業を開始。戦時中は中断したが、相鉄線からの乗り入れは１９６４（昭和39）年まで継続。１９７３（昭和48）年には、駅舎が約３００ｍほど厚木方面へと移転した（現在地）。さらに１９８７（昭和62）年３月、国鉄がＪＲになる直前に国鉄の相模線でも海老名駅が開業し、現在の海老名駅の下地がつくられた。

ただし、相鉄線の海老名駅はその後さらなる進化を遂げる。相鉄グループで取り組んでいる「デザインブランドアッププロジェクト」の一環で、現在駅舎の改修工事が行われているのだ。２０２２年度完成予定になっており、今から待ち遠しい。

海老名駅すぐにあるビナウォーク（Photo AC）。

連絡通路でつながれた３線の海老名駅周辺には商業施設があり、それを囲むように住宅地が広がっている（国土地理院航空写真をもとに作成）。

SO 31 Minami-makigahara 南万騎が原駅

近隣には大きなこども自然公園があり、地域住民の憩いの場になっている（相鉄グループ提供）。

由緒ある戦場の名を付けた駅

いずみ野線の最初の駅である南万騎が原駅は、1976（昭和51）年、同線の開通と同時にオープンした。この地には、元々馬を育てる牧場があり「牧が原」と呼ばれていたのだが、1205（元久2）年、「畠山重忠の乱」の際に北条氏が1万を超える騎兵をここに展開して戦ったという。その逸話から「万騎が原」という地名になったのだという。

駅の北東に位置する「万騎が原団地」は、相鉄グループが初めて手がけた大規模団地。1957（昭和32）年、事業用地として周辺の買収を進めていた相模鉄道が神奈川県に打診し、県と共同で開発を開始。

そんな万騎が原周辺は豊かな自然でも人気。南東にあるこども自然公園の一角では天然記念物のゲンジボタルが見られ、夏場はホタル目当ての人が集まる。

駅概要

開業	1976年（昭和51年）4月8日
路線名	いずみ野線
駅番号	SO31
駅構造	地上駅
ホーム	相対式 2面2線
乗降人数	11,731人
バリアフリー設備	エレベーター、エスカレーター、列車接近表示器、多機能トイレ
停車	通勤急行、快速、各停

SO 32 Ryokuen-toshi

緑園都市駅

「これからの駅」として全国的に公募を行い、展望台ができた珍しい駅（相鉄グループ提供）。

未来を見据えた駅と地域づくり

相模鉄道は、1976（昭和51）年のいずみ野線の開通に合わせて沿線開発を推進。駅開業の10年後には住宅の販売も開始した。入居希望者が殺到したという。

住宅販売開始の翌年、この街の開発の象徴でもある駅舎の改造が行われている。その際、「これからの駅」というキャッチフレーズで全国的にアイデアを募集して作られたのが現在の駅舎だ。ホーム上、線路の反対側には、庭園の付いた展望台まであるというユニークなつくりになっている。

1986（昭和61）年にはいずみ野線沿線が泉区として独立したのだが、そのときには、駅名にちなんで周辺の地名が「緑園」となっている。今は大規模なマンション群があるベッドタウンの駅であり、朝はここから横浜方面に通勤する人、緑園都市駅周辺の学校に通ってくる生徒や学生で活気に溢れている。

駅概要

開業	1976年（昭和51年）4月8日
路線名	いずみ野線
駅番号	SO32
駅構造	高架駅
ホーム	相対式 2面2線
乗降人数	25,276人
バリアフリー設備	エレベーター、エスカレーター、列車接近表示器、多機能トイレ
停車	通勤急行、快速、各停

SO 33 Yayoidai

弥生台駅

春には線路を囲むように桜が咲く(相鉄グループ提供)。

駅概要

開業	1976年(昭和51年)4月8日
路線名	いずみ野線
駅番号	SO33
駅構造	地上駅
ホーム	相対式2面2線
乗降人数	15,055人
バリアフリー設備	エレベーター、エスカレーター、列車接近表示器、多機能トイレ
停車	通勤急行、快速、各停

地名にもなった遺跡の発掘現場

この駅が生まれた当時、この周辺は戸塚区新橋町という地名だった。そのため、駅の開発計画の段階では新橋町駅という仮称が付いていたという。しかし駅が開業する直前、周囲の住宅開発のなかで遺跡が発掘され、そこからいくつもの弥生時代の土器が出土した。春・3月(弥生)の躍動しようとするイメージとも合うと、相模鉄道は駅名を弥生台駅に決定。その後、1986(昭和61)年に、戸塚区からいずみ野線沿線を中心に泉区が分離。これに合わせて、駅周辺の地名も新橋町から現在の弥生台になったのだ。

この駅周辺は新興住宅地の町らしく整備されており、駅舎も洗練されたデザインを採用。また、駅のホームの外側にある土手には桜が植えられており、電車を待ちながら眺めて楽しむこともできる。お花見スポットとしても人気の美しい駅だ。

いずみ野駅

SO 34 Izumino

元々終着駅として開業した当駅は、路線の名前にもなっている（相鉄グループ提供）。

いずみ野線の終着駅として開業

いずみ野線開通当時、いずみ野駅は同路線の終着駅だった。所在地名の「和泉町」は、近くにある和泉第六天社の南にあった「酒湧池」という池にまつわる伝説に由来している。昔この池から汲んだ水を息子が父にすすめたところ、その水が甘い美酒に変わったという伝説から、周辺が和泉と呼ばれるようになったという。

いずみ野線の開通までの駅周辺は、変電所の設備などが置かれてはいたものの、それ以外は田畑や森林が広がっていた。しかし駅の開業に合わせ、開発工事を実施。横浜へとつながるベッドタウンがつくられていった。

相鉄ライフいずみ野店は２０１４（平成26）年に第一期がオープン、２０１６（平成28）年には第二期がオープンしており、住みよい街づくりに一役買っている。

駅概要

開業	1976年（昭和51年）4月8日
路線名	いずみ野線
駅番号	SO34
駅構造	地上駅
ホーム	2面4線
乗降人数	13,752人
バリアフリー設備	エレベーター、エスカレーター、列車接近表示器、多機能トイレ
停車	通勤特急、通勤急行、快速、各停

SO 35 Izumi-chūō

いずみ中央駅

1990（平成2）年に行われたいずみ中央駅開業式の様子。いずみ野〜いずみ中央駅間の営業開始を祝った（相鉄グループ提供）。

いずみ野線のさらなる発展のため開業

１９９０（平成２）年、いずみ野線はいずみ野駅から延伸され、このいずみ中央駅が終点となった。この駅が置かれたのは、区役所や公会堂などの行政施設が多く建ち並ぶ地域であり、その名の通り泉区の中心地だったことから駅名が付けられた。

当初、この駅が置かれていた地域は和泉町だったが、２０１４（平成26）年には駅を含む南側の地域の名前が和泉中央南に変更される。その２年後には、駅のやや北側に和泉中央北が生まれた。ほかにもいくつかの町が分立し、現在は南東の旧深谷通信所の跡地周辺のみが和泉町のまま残っている。

駅の北側にはかつて大山道と呼ばれていた街道、長後街道が通っており、駅の開業前にも集落は開けていた。現在は駅の東を流れる泉川やその遊水池などを中心に自然に溢れた豊かな土地が広がっている。

駅概要

開業	1990年（平成2年）4月4日
路線名	いずみ野線
駅番号	SO35
駅構造	高架駅
ホーム	島式 1面2線
乗降人数	16,257人
バリアフリー設備	エレベーター、エスカレーター、列車接近表示器、行先案内表示器、多機能トイレ
停車	通勤急行、快速、各停

SO 36 Yumegaoka

ゆめが丘駅

美しくカーブしたシルエットが特徴的（相鉄グループ提供）。

開放的なデザインのユニークな駅

いずみ中央駅から湘南台駅方面に乗って進むと、じきに見慣れないものが目の前に現れてくる。1999（平成11）年に開業したゆめが丘駅のホームがその正体だ。側面から屋根にかけて鉄骨がかけられ、その間に風雨を防ぐアクリル板が組み込まれている。ユニークなデザインで、「関東の駅百選」に選ばれた、鉄道ファンにも人気の駅舎だ。

この駅の計画時の仮称は「下飯田」駅であり、同時期に開設を予定していた横浜市営地下鉄の駅の名称と同じであったが、開業後の「ゆめ」を抱ける街づくりを願って「ゆめが丘」と命名した。

相模鉄道では、明るい名前で同じ「丘」の字が付けられている希望ケ丘駅とこの駅との往復切符を「ゆめきぼ切符」として販売。ゲン担ぎのグッズとしても購入されている。

駅概要	
開業	1999年（平成11年）3月10日
路線名	いずみ野線
駅番号	SO36
駅構造	高架駅
ホーム	島式1面2線
乗降人数	2,207人
バリアフリー設備	エレベーター、エスカレーター、列車接近表示器、多機能トイレ
停車	通勤急行、快速、各停

SO 37 Shōnandai

湘南台駅

相鉄いずみ野線、小田急江ノ島線、横浜市営地下鉄ブルーラインが交差する大きな駅(相鉄グループ提供)。

いずみ野線終着駅にもうひとつの幻の駅?

いずみ野線の終点である湘南台駅。駅と周辺の開発時に、湘南の海に対して丘陵地に位置するので、湘南台と名付けられた。湘南の地名は中国に由来する。湖南省の洞庭湖に流れる水を「湘水」といい、この湖の南の地域を「湘南」と呼んでいたというのだ。

相模鉄道では、1999(平成11)年にいずみ野線をこの駅まで延伸。それに合わせてゆめが丘駅と同時にこの湘南台駅が開業した。

同駅内には、相模鉄道キャラクター「そうにゃん」にかけて「そうにゃんだい駅」がつくられている。駅のホームに見立てたステージ形の展示で、季節ごとに装いを変える「そうにゃん」のパネルがその時期の風物詩とともに飾り付けられている。その上部には「そうにゃんだい」と書かれた駅名標も。駅番号はSO28だ。本来相模

駅概要

開業	1999年(平成11年)3月10日
路線名	いずみ野線
駅番号	SO37
駅構造	地下駅
ホーム	1面2線
乗降人数	28,697人
バリアフリー設備	エレベーター、エスカレーター、列車接近表示器、行先案内表示器、多機能トイレ
停車	通勤特急、通勤急行、快速、各停

鉄道に20番台の駅は存在しないが、「そうにゃん」を連想させる「ＳＯ28」としている。

湘南台駅は１９６６（昭和41）年、小田急江ノ島線の駅として開業した。この周辺では北にある長後という地域が古くからの宿場として栄えており、戦前から小田急の長後駅が置かれていた。湘南台駅が開業してからも長後駅のほうが利用する人が多く、しばらくは湘南台駅周辺は賑わっていたとは言いがたい。

しかし１９９９（平成11）年、状況が一変する。この年にいずみ野線が乗り入れただけでなく、そのわずか５カ月後に横浜市営地下鉄ブルーラインが開業したのだ。３つの路線が乗り入れたことで利用者数が急増。現在は駅周辺も大きく発展し、藤沢市内でも藤沢駅に次いで2番目に多くの人が乗り降りする駅となった。

幻の？「そうにゃんだい駅」。季節によってデザインが変わる（相鉄グループ提供）。

駅近くにある湘南文化センターは、特徴的な大小の球状構造となっている。

SO 51 Hazawa yokohama-kokudai 羽沢横浜国大駅

JRとの直通線がついに開通した(相鉄グループ提供)。

駅概要	
開業	2019年(令和元年)11月30日
路線名	相鉄新横浜線
駅番号	SO51
駅構造	地下駅
ホーム	2面2線
乗降人数	25,422人
バリアフリー設備	エレベーター、エスカレーター、列車接近表示器、行先案内表示器、多機能トイレ
停車	JR直通 特急、JR直通 各停

待望の相鉄・JR直通線、開業

　現在、相模鉄道の駅のなかで最も新しい駅が、この羽沢横浜国大駅だ。ＪＲ線との相互直通運転のスタートに合わせて開業しており、相模鉄道が管理を行っているが、ＪＲ東日本との共同使用駅となっている。この駅がつくられて西谷から連絡線がつながったことで、相鉄線とＪＲ線との直通運転が開始。海老名から新宿までが一本の路線でつながることになった。

　この駅が開業したのは２０１９(令和元)年のことだったが、当初は２０１５(平成27)年開設予定となっていた。しかしＪＲとの直通運転を行うにあたって、その途中に位置するＪＲの東海道(貨物)線の路線などと接続を行う必要があり、貨物列車運行の合間を縫っての作業で時間が取られてしまったのだ。その結果、２度の計画変更を経てようやく２０１９(令和元)年に開業を実現した、相模鉄道にとって悲願の駅だったといえるだろう。

ただし、これで相模鉄道によるプロジェクトが終わったわけではない。2022（令和4）年度下期には羽沢横浜国大駅から路線を延ばし、東急との直通線も開業する予定だ。

駅舎自体はかなりの規模だが、今のところ駅周辺は賑わっているとは言いがたい。南側には隣接するようにJR貨物横浜羽沢駅が置かれ、その脇を抜けて南へ向かうと横浜国立大学があるが、それ以外は多少学生や地元の住民向けの店などがあるくらい。住宅と農地が混在するエリアになっている。

とはいえ、まだまだこの駅は開業したばかり。近隣の住民からは新宿方面まで直通の路線が生まれたことを喜ぶ声もあり、今後も利用者の増加が見込まれる。東急との相互直通運転開始に向けて、これからどんどん開発が進んでいくことが見込まれるだけに、今後の動向に目が離せない駅だ。

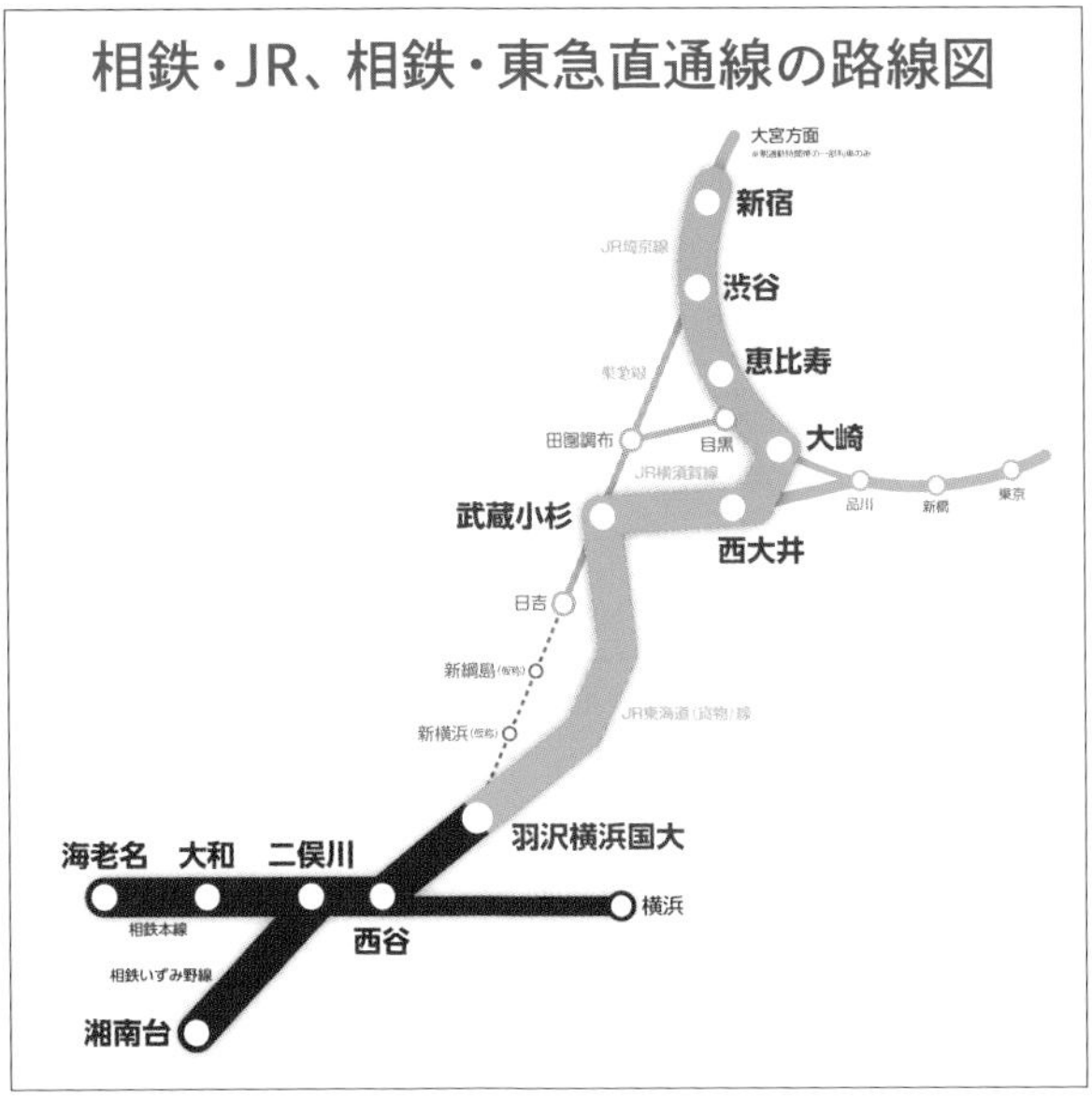

西谷駅から伸びる相鉄・東急直通線は、
今後新駅を開設する予定である（相鉄グループ提供）。

相鉄・JR直通運転用につくられた新型車両12000系（相鉄グループ提供）。

相鉄沿線に住み、長年駅や電車を利用していても、知らない情報だってあるはず。沿線の昔の様子から新駅や車両、愛しのキャラクター・そうにゃんの最新情報まで、知っているようで知らない相鉄の魅力と不思議が満載。真実を確かめるために、この週末足を運んでみてはいかがだろう。

第4章 相鉄線トリビア

県民の多くが知っている「二俣川」駅

相鉄本線の路線上には、神奈川県民からは圧倒的な知名度を誇っているにもかかわらず、全国どころか、関東地方だけでみても、知らない、降りたことがないという人が多い駅がある。それが二俣川駅だ。

なぜこの駅は神奈川県民だけからそれだけの知名度を得ているのだろうか。その理由は、この駅が神奈川県の運転免許センターの最寄り駅だからだ。駅の北口から北西に向けて歩けば、わずか15分ほどで免許センターまでたどり着くことができる。

神奈川県といえば、東京の都心へのアクセスもいい関東の主要県だ。その中心である横浜市の付近なら、もちろん鉄道網も充実している。しかし横浜市から少し離れれば鉄道は数を減らし、自家用車が生活に欠かせない貴重な足になってくる。そのため、神奈川県民の多くがこの二俣川駅から免許センターを訪ねる必要に迫られるというわけだ。

なお、この二俣川駅は相鉄本線の途中駅であるとともに、いずみ野線の分岐駅にもなっているため、そうした意味でも利用者の多い駅だ。そのうえ、近年「デザインブランドアッププロジェクト」の一環で、駅舎のデザインが一新された。駅ビルも大きく綺麗な建物になっているうえ、駅周辺の開発も進んでいる。商業施設も充実しているため、いずみ野線沿線住民にとっては非常に便利な生活を支える駅ともいえるだろう。

リニューアルされた二俣川駅構内。

横浜駅にある「関東一」って？

相鉄の横浜駅のホームは、相鉄ジョイナスの2階にある。横浜駅は、大和市や海老名市、藤沢市をはじめとした神奈川県の諸地域から乗客がやって来る相鉄の起終駅である。相鉄横浜駅の１日の平均乗降者数は42万１９１０人（２０１９年度）と相鉄全駅のなかでも抜きんでている。

ずらりと並ぶ1階改札口の改札口。奥に見える案内所ができる前は、さらに2台設置されていた。

そんな横浜駅の自動改札機は４カ所、合計52台あるのだが、一番集中しているのが相鉄ジョイナス1階の改札口である。その数23台。ひと続きに設置されている自動改札機の数としては、関東一を誇る。もとは25台あったそうだが、利用者の多い横浜駅ではそれに従って駅員への問い合わせも非常に多く、これに対応するスペースをつくるため２台分のスペースを使い「ご案内カウンター」が設けられた。日本で一番多くひと続きで自動改札機が並んでいるのは、大阪の阪急梅田駅だそうで、24台あるという。一時期は梅田駅をも凌ぐ、日本一の自動改札数を横浜駅は所有していたのだ。

実写化もされている相鉄の名物広報

相鉄線の二俣川駅を降りてみると、駅舎の一部に「ＳＯＴＥＴＳＵ　ＧＯＯＤＳ　ＳＴＯＲＥ」と書かれたガラス張りのスペースがある。ここは文字通り、相模鉄道に関するさまざまなグッズを扱っている店なのだが、その脇にある黒い防火扉の下のあたりには、ある可愛らしいキャラクターが扉を開けてこちらに手を挙げているイラストが描かれている。

オレンジの身体で青い服、鉄道会社の帽子を被ったこのキャラクターは「そうにゃん」という。猫をモチーフにしたゆるキャラで、相模鉄道のキャラクターだ。カラーリングのオレンジと青は、相鉄グループのロゴマークにも使われている、相鉄グループのイメージカラーを反映している。

　そうにゃんは2014（平成26）年に相模鉄道に入社し、さまざまな広報活動に従事。新車両の発表会や相鉄線とJR線との直通運転開通式などのイベントにも参加して、相模鉄道をはじめ、相鉄グループの知名度向上やイメージアップに努めている。入社した2014年からはラッピング電車も運行しており、沿線の住民や相鉄線のファンたちからも大人気だ。

　ちなみに、二俣川駅にあるこの「SOTETSU GOODS STORE」一角はそうにゃんグッズで埋め尽くされている。ぬいぐるみやポーチ、文房具などたくさんの商品が並ぶ、ファンにとっては堪らないスポットになっている。

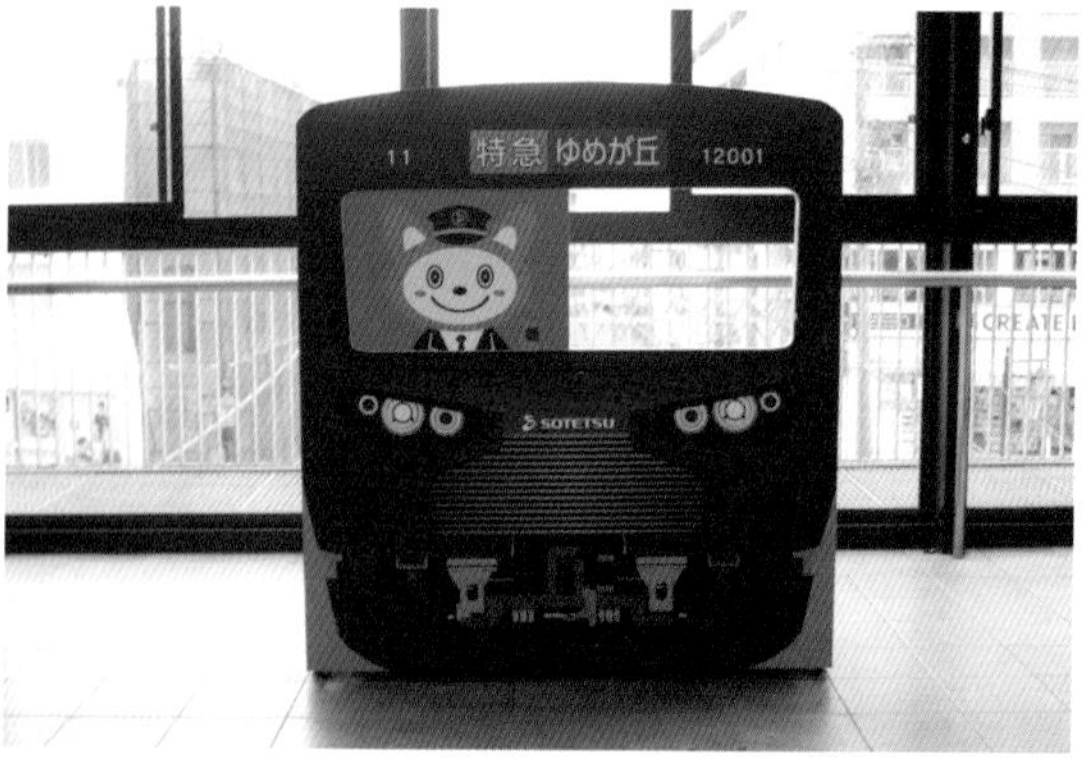

上から西谷駅、二俣川駅、希望ケ丘駅にあるそうにゃんのパネルや、グッズの売られているストア。

緑園都市駅の空中庭園の本来の目的とは

1976（昭和51）年にいずみ野線開通時に開業した緑園都市駅は、ホームに隣接してつくられた展望台が特徴的である。

この駅には元々、庭園展望台はなかった。このスペースには待避線を設ける予定だったのだ。これは、最初の計画で緑園都市駅が急行の通過駅となる予定だったことによる。急行電車をやりすごすため、普通電車の待避線として本線の外側にそれぞれ1線ずつ線路を敷く2面4線となるはずだった。

この計画は、いずみ野線延伸を見込んでのことだったが、湘南台駅から先の延伸は未定であり、いずみ野駅に待避線が備えられていることから、緑園都市駅に待避線を持つ必要がなくなった。

待避線として想定されていたスペースの計画が変更されたのは1987（昭和62）年のこと。駅を地域に密着した玄関とすべく、駅改造のアイデアを広く募集した。多くのアイデアのなかから「庭園展望台」と「地域コミュニケーションの場として利用できる会議室やギャラリーコーナー」の案が採用された。

これにより、待避線用のスペースを「庭園展望台」スペースとすることに。展望台のスペースはそれほど広くはないが、庭園の植栽や駅前ロータリーの木々、緑豊かなニュータウンの風景を見渡すことができる憩いの場となった。

地下鉄の駅よりさらに深い湘南台駅

湘南台駅には、相鉄、小田急電鉄、横浜市営地下鉄の3線が乗り入れている。改札口はすべて地下1階に設置されているが、相鉄のホームは横浜駅市営地下鉄の地下2階よりもさらに深い、地下3階に設置されている。

なぜ相鉄の駅のほうが地下鉄よりも深い位置にあるのか、それは先のいずみ野線延伸を見越しての計画だからだ。相鉄は二俣川～平塚間の鉄道敷設免許を取得している。この免許に基づき湘南台駅から延伸をするためには、引地川《ひきちがわ》を越えていかなければならない。小田急の湘南台駅乗り入れに際し、相鉄のホームを地下につくることは既定路線だったが、横浜市営地下鉄線がきてしまうと、延伸にあたって引地川をくぐって線路を敷設しなければならない相鉄にとって、大きな課題だった。くぐっていくために一定の深度が必要なため、地下鉄が相鉄のホームよりも下にあると障害になってしまうからである。

幸い、藤沢市に湘南台駅はあり、横浜市営地下鉄の路線がこれより先に延伸することはないため、各社話し合いの結果、横浜市営地下鉄のホームが地下2階に、相鉄のホームが地下3階につくられることになった。こうして地下鉄のホームより深い位置に相鉄のホームができあがった。

映画の舞台にもなったいずみ野駅

相鉄いずみ野線いずみ野駅には、2015（平成27）年、人気俳優・福士蒼汰と、同じく人気女優・有村架純が揃って訪れたことがある。というのも、この2人がW主演を果たした恋愛映画のロケ地として、このいずみ野駅が使われていたのだ。撮影には相模鉄道が広く協力しており、いずみ野駅以外にも、弥生台駅や緑園都市駅、南万騎が原駅など、いずみ野線のいくつもの駅が使われた。

映画公開時には相鉄線でも積極的にこの映画を応援しており、パンフレットの配布や、いわゆる「聖地巡礼」をするためのアプリまで公開していた。また、劇中で2人が座った駅のベンチには、目の前に案内まで書かれた。当時はこの映画のファンたちがいずみ野線を多数利用したという。

改札とホームがすごーく離れている駅

かしわ台駅といえば、西口に隣接する車両センターだろう。相鉄が唯一持つ車両センターで、すべての車両の整備はここで行われている。また、神中鉄道時代に使用されていた「3号蒸気機関車」をはじめとした歴代の車両が保存されていることを知っている人も多いだろう。

かしわ台駅にはもうひとつ面白い特徴がある。それは、東口改札がホームからすごく離れているということ。その距離なんと340mもあるのだ。

なぜこのような不便な位置にあるのか。それは駅の開業時に遡る。元々この場所に東口改札は設置される予定ではなかった。1975（昭和50）年、当時開業されていた大塚本町駅と海老名駅の間にかしわ台駅が開業。しかし、かしわ台駅と大塚本町駅との間は500mほどしか離れておらず、1946（昭和21）年に開業した大塚本町駅は規模が小さく老朽化も著しかった。

そこで、大塚本町駅を横浜寄りに約900m移設して、「さがみ野駅」とし、もとの大塚本町駅は取り壊されることになったが、利用者から駅を残してほしいという声が上がった。かしわ台駅もさがみ野駅も徒歩では離れた場所にあり、これまでの大塚本町駅の利用者のなかには不便になる人もいたためである。しかし、大塚本町駅を存続することはできない。検討の末、大塚本町駅の駅舎をかしわ台駅の東口とすることにしたのだ。

東口は改札から遠く、その距離は340mもある
（国土地理院標準地図をもとに作成）。

こうして大塚本町駅の下りホームの一部が東口の通路として使われ、これをかしわ台駅と結ぶという珍しい構造となった。旧大塚本町駅の駅舎はしばらくかしわ台駅の東口として利用されたが、１９９７（平成９）年に建て替えられる。東口通路の一部が高くなったままであるなど、かつての旧大塚本町駅の下りホームの名残を感じられるつくりとなっている。

「遠い駅」のほうが安い？

ＪＲ線との直通運転開始に伴って、２０１９（令和元）年に創設された相鉄線の新駅、羽沢横浜国大駅。この駅に掲示されている運賃案内標を見ると、ひとつ奇妙な点があるのに気づく。新たに路線がつながり、隣駅となった武蔵小杉駅へと向かうのに３１０円の運賃がかかるにも関わらず、もっと遠い位置に書かれている鶴見駅への運賃は１７０円しかかからないと表示されているのだ。

羽沢横浜国大駅から鶴見駅まで行くにはいくつかのルートがあるが、最低でも2回は乗り換えを行わなければいけない。京浜東北線上で鶴見駅の両隣にある新子安駅や川崎駅なども同様だが、それらの駅まで行くのに掛かる運賃は、ともに２２０円であり、明らかに鶴見駅だけが安くなっている。なぜこのようになっているのだろうか？

　これには、新たに開通した直通線のルートが大きく関わっている。実は、運賃表の路線図には示されていないが、羽沢横浜国大駅から武蔵小杉駅へと向かう直通路線はＪＲ貨物線のルートを利用しており、その路線は鶴見駅を通過しているのだ。そのため、実際に移動するには、直通線を使って一度鶴見駅を通過して武蔵小杉駅まで移動し、そこから乗り換えて横浜に出て再び鶴見駅へと向かうことになるが、羽沢国大駅から鶴見駅までの貨物線ルートでの駅間距離を基準にした運賃計算から、現在の１７０円という運賃になっているのだ。

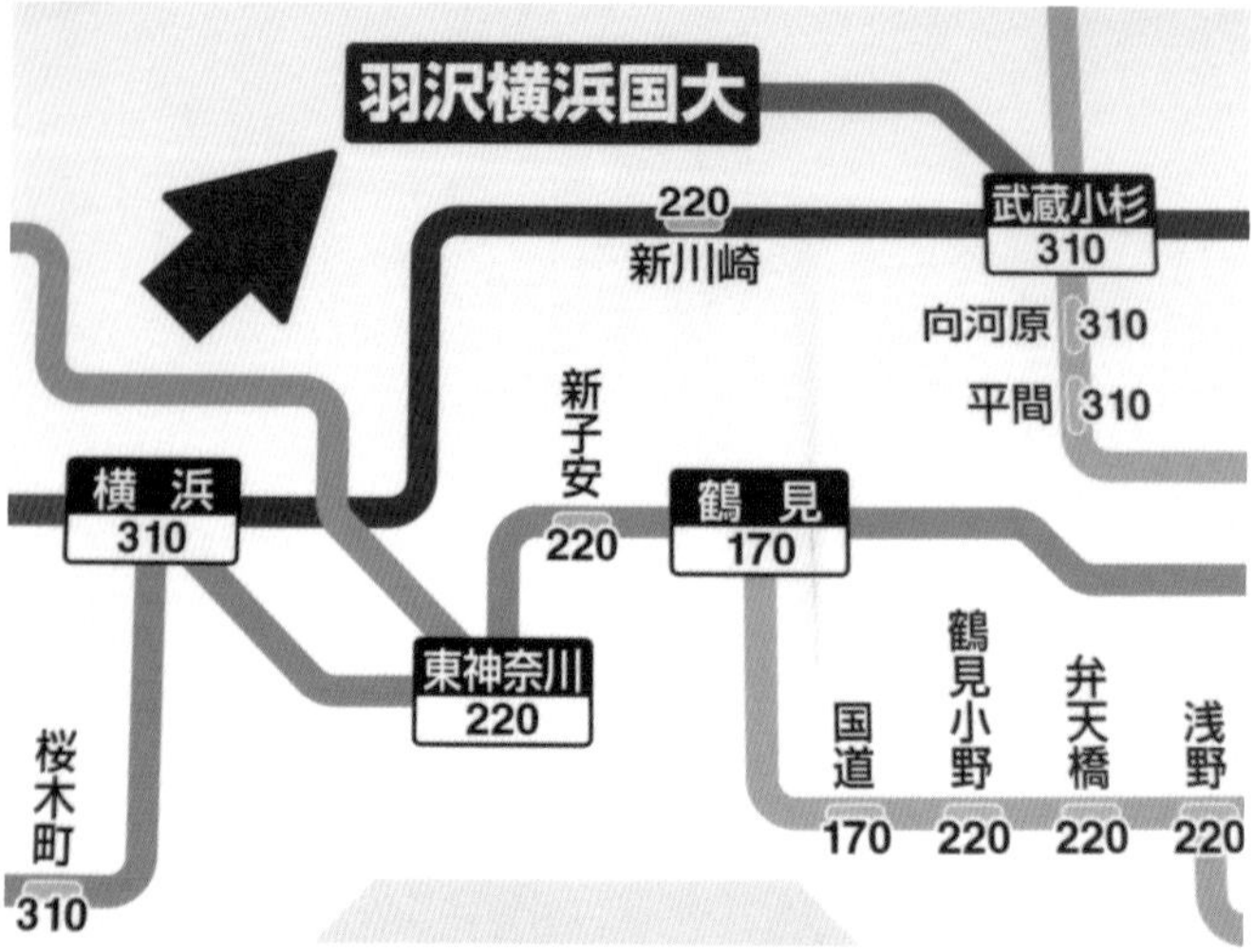

羽沢横浜国大駅で撮影をした運賃表。隣駅である武蔵小杉駅よりも、乗り換えが必要な鶴見駅のほうが安い。

幻の昇降式ホームドア

　現在、どの路線を見ても、鉄道の駅のホームから電車へと乗り降りするホームドアは、基本的にどれも左右に開くようになっている。しかし実は、かつて相鉄線の弥生台駅には、これとは全く違う仕組みのホームドアが置かれていた時期があった。２０１３（平成25）年の10月から約1年間、実験的に特殊なホームドアが設置されていたのだ。

　普通のドアでは左右に柱があり、その間にわたされている板状の扉が左右にスライドして開くのだが、この実験モデルでは、板の代わりに3本のバーがわたされていた。車両ドアが開くのに合わせ、乗り降りができるようにバーが上にずれていくのだ。まず、左右の柱の一部が上に向けてスライドし、それに沿うように3本のバーも上にずれていくことで、車両のドアの上側と同じくらいの高さまで移動するという仕組みだ。

板と違ってバー同士の間にすき間が空いているうえ、上下に動くため、上に手を置いたりもたれたりしていると、開閉のときに危険があるかもしれない。そこで、可動部にはセンサーが付けられ、そこに何かがあると検知されれば開かないようになっていた。また、停電などの際はバーが上にあってもそこでストップ。そのまま落ちてくることなどはなく、安全性には気をつけてつくられていた。

そもそもこの実験が行われたのは、ホームドアの設置費用を抑える方法を模索することが目的だった。ホームドアは自殺や事故の防止には効果的だが、設置費用が高額になりがちなため、なかなか普及率が上がっていなかったのだ。そのため、このバータイプ以外にも、さまざまなタイプのドアが各地で実験的に整備されていたという。現にJR大阪駅ではこの昇降式ホームドアを採用している。いずれ改良されたより安価な新しいホームドアが登場するかもしれない。

大和駅が地下に潜った理由

大和駅は神中鉄道時代の1926（大正15）年に開業した。この駅は小田急江ノ島線との連絡駅であり、大和市の東西を相鉄が走り、南北を小田急の電車が走っている。

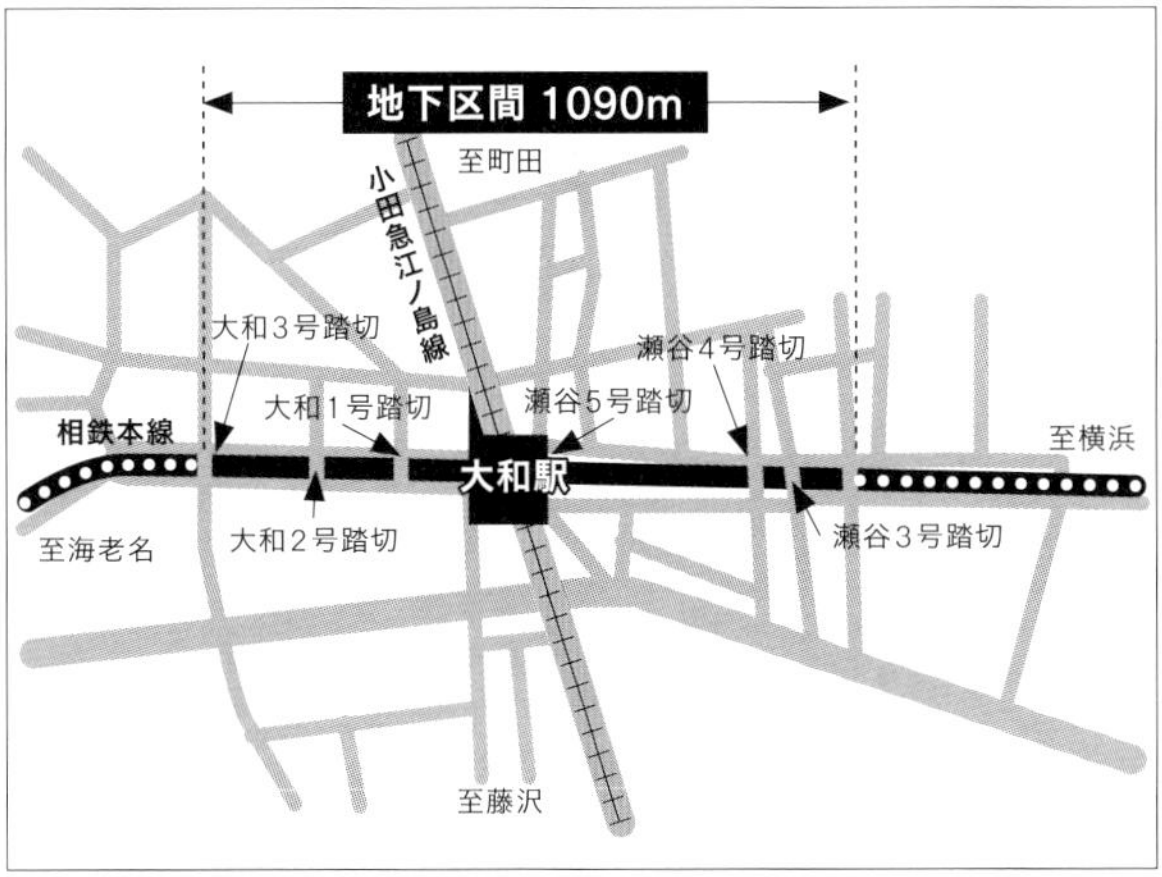

大和駅は駅そのものだけでなく、線路も一部地下化され、相鉄の路線が地下化された地上部分はプロムナードとして整備された。

開業当時は地上駅だった大和駅だが、1994（平成6）年に完成した現在の駅は地下駅である。神中鉄道の大和駅と小田急の西大和（現・大和）駅が開設された当時、駅周辺は東西南北に走る路線によって4分割されたが、これといった問題は起こらなかったという。しかし、昭和30年代からの高度経済成長に伴い、自動車が普及し始めると市内各所の踏切で交通渋滞が生じ、支障が起きるようになった。

1969（昭和44）年に踏切道改良促進法により、相鉄線と県道藤沢町田線の交わる瀬谷4号踏切が立体交差を図るべき踏切に指定された。神奈川県はこれを受けて、道路を高架する立体交差案を地元住民に提示。しかしこの計画に対して、地元住民からは反対の声が上がった。円滑化を図れると思ったが、道路の高架化は生活交通を阻害し、地元商店街の衰退につながるという。一時この計画が頓挫しそうになったが、解決策として大和市と神奈川県が、ほとんど同時期に相鉄へ路線の地下化を打診した。

こうして、相鉄は大和駅周辺の路線の地下化を決定する。1986（昭和61）年より「相模鉄道本線大和駅周辺連続立体交差事業」が行われることになった。1993（平成5）年に地下線と大和駅の地下ホームが利用開始され、翌年に現在の駅舎が完成する。かつて相鉄の線路が敷かれていた場所は歩行者専用道路として整備され、地域住民の行き交う通路となった。

列車を押して人力で坂を登った?

相鉄全駅の中で最も標高が高い駅は、三ツ境駅である。神中鉄道は、多摩丘陵地帯に線路を敷設するにあたり、坂道を登って越える方法をとった。当時の線路は現在のやや南側を通っており、前半はなだらかな坂道が続く。しかし、三ツ境駅の手前辺りで勾配が急にきつくなっている。

三ツ境駅開通当時の1926（大正15）年頃は蒸気機関車が客車や貨物を牽引していたが、戦時中は燃料不足のため、質の悪い木炭や槇などを使わざるを得ない状況だった。加えて1929（昭和4）年からはガソリン自動客車が導入されたが、ガソリンは入手自体が困難であった。

三ツ境駅は標高が76mあるのだが、この坂を登るのに、戦時中の状況では乗客や荷物を載せて登り切るのが困難だったのではないだろうか。一説には乗客に頼み、後ろから押してもらって登っていた、という逸話が残っている。

映画館の集合体「ムービル」

横浜駅の西側、川に面した一角に古い映画館がある。「ムービル」という名前で、駅を出てから南西に向けて進み、新田間川にかけられた橋を渡っていくと、青と白の縞模様の建物と、屋上に置かれた「MOVIL」という看板が大きく見えてくる。しかしよく見ると、その看板の左下には小さく「SOTETSU」という字が書かれている。かつてここは「相鉄ムービル」という名前だったのだ。

そのはじまりは1956（昭和31）年、当時の相鉄不動産が横浜駅名品街にオープンした2つの劇場にある。当時、横浜では桜木町や伊勢佐木町の辺りのほうに映画館が多く集まり、横浜駅周辺でオープンしていたのはこの劇場くらいだった。

相鉄不動産は、さらに2年後にも新たに劇場を開業したのだが、相鉄ジョイナスの建設に伴って名品街の取り壊しが決定。これらの劇場も壊されることになったため、1971（昭和46）年に現在の横浜ベイシェラトンホテル&タワーズがある位置、当時の相鉄本社の北側に「相鉄ムービル」として移転した。

相鉄ムービルには5つの劇場が置かれ、東宝や松竹、東映など、各映画会社が配給している和洋の映画を上映。横浜駅周辺の映画の中心地となった。しかし、今度は相鉄本社などの敷地を利用して横浜ベイシェラトンホテル&タワーズをつくることになり、1988（昭和63）年に相鉄ムービルも移転。こうして移った先が、現在のムービルだ。

いわゆるシネコンが流行る前の劇場で、アットホー

横浜駅西口付近、川に囲まれるように相鉄ムービルは建っている。

ムな雰囲気が地域の人たちには愛されていたのだが、やはり時代の流れに負け、シネコンの台頭によって若者は離れていく。その結果利用者が減少し、2005（平成17）年には相鉄ローゼンが撤退を決定。翌年の5月いっぱいで閉館すると発表した。

しかし、これに待ったをかけたのが、同じ鉄道会社であり、横浜への路線を持つ東急電鉄だ。彼らは沿線の魅力を高めるためにこの劇場は必要だと判断し、運営権を東急レクリエーションで買い取ることを提案した。相鉄ローゼンがこれを受けたことで、現在のムービルが生まれたのだ。この劇場は、シネコンとは異なる昔ながらの映画館のスタイルで、現在も地元の映画好きなどに広く愛されている。

「池」の名残がある道路名

上星川駅と和田町駅の間にある市立保土ケ谷中学校のそばに、「大池道路」という名称の道が走っている。東側で新横浜通りとぶつかるこの道路は、地域の幹線道路として重要な役割を果たしている。

しかし、地図上で見ると「大池」と付くのに、この近辺に池は存在していない。実は、かつてこの道に沿った山の谷間に「三ツ沢池」という巨大な池があったのだ。元々灌漑用のため池として整備されたものだった。滝の川源流の水を貯め、三ツ沢や神奈川方面の田畑を潤す役割を担っていた。その大きさは1万9800平方mといわれている。地元の人はこれを「大池」と呼んだそうだ。

戦前は池の周囲に桜が植えられ、桜の名所として人々に親しまれていた。しかし、1964（昭和39）年、東京と横浜を結ぶ第三京浜道路の建設工事が開始、翌年に保土ヶ谷インターチェンジが開設された。このとき、残土の受け入れ先として三ツ沢池が埋め立てられることになった。最終的に池はすべて埋め立てられ、かつての名残は、今では「大池道路」や「三ツ沢池」という名前のバス停だけとなっている。

見れたらラッキー？「ドクターイエロー」

新幹線の路線や架線整備の保守・点検車両である「新幹線電気軌道総合試験車」は、通称「ドクターイエロー」と呼ばれ親しまれている。なぜ、黄色の車体をしているかというと、黄色が人に注意喚起を促す警戒色であり、ひと目で普通の車両との違いがわかるようになっている。鉄道の利用者を乗せることはないため、滅多に見ることができず、そのことから「見ると幸せになれる」などと言われている。

ドクターイエローは相鉄にも走っており、それが53ページで紹介をしたモヤ700形だ。このモヤ7004号車までの4両編成となっている。701号車から700系は、車体側面の上下にピーコックグリーンのラインがあるのが特徴だ。4車両にはそれぞれ意味があり、701号車は、架線状況を検測する役割がある。それまで、保守・点検作業は陸軌両用架線作業車が行っていたが、2006(平成18)年にこの車両が導入され、以前から行われていたトロリ線(パンタグラフを通して電力を供給する電線)の摩耗状態の検査だけでなく、支障物の有無、高低差は適切か、傾きは適切か、など総合的に検査が行えるようになった。これに続く702号車は架線状況を観測する役割を持つ。車両の上部にカメラが設置してあり、車内モニターで架線の設備状況を観測できる。また、映像と音声による同時記録も行える。702号車が導入される前は、2000系貨物車両による営業線の速度下、保守係員が目視で架線の整備状況観測、記録をしていたのだが、当時より作業効率が大幅に向上した。

残る703号車、704号車は、事故の復旧時に必要な資材を積み込む積載車である。幸運の車両を探すため、線路に目を向けるのも面白いだろう。

おかいもの電車

1960(昭和35)年11月から約4年間、相鉄では、一風変わった電車が走っていた。行先を示す表示板は、カゴをくわえたハトのマークに変えられており、昼間1日1往復だけ運行している。その名も「おかいもの電車」だ。

おかいもの電車としても活躍した5000系。横浜方面へ多くの乗客を運んだ(楠居利彦氏提供)。

これは三ツ境駅から大和駅までの区間が複線化を実現したことに合わせてスタートしたサービス急行電車だった。基本的には海老名駅から横浜駅まで、当時の準急電車と同じように運行していたのだが、それまで準急が停まらなかった二俣川駅にも停まった。

当時、相鉄グループでは沿線開発の大きな目玉として横浜駅の西口を大きく開発しようと努めている時期だった。そのため、できるだけ横浜駅に利用者を呼び込みたいと考えていたのだ。また、沿線の開発が進み、工場や学校、住宅地などが増加していったなかで、通勤・通学客が利用するラッシュ時以外の利用者数がかなり少なかった。買い物客を誘致してその差を少しでも埋めたいという考えもあり、この特別電車の運行をスタートしたのだ。

1956（昭和31）年には駅西口に髙島屋デパートなどがオープン、「横浜駅名品街」の営業も始まっていたため、当時この周辺は、人を呼び込むだけの魅力は十分すぎるほどに備わっていた。相鉄本線の沿線住民にとっても横浜駅まで買い物に行くというのは魅力的な行楽であり、このおかいもの電車が走り始めることになったのだ。

どうしても取りあげてほしい！ 涙と汗の結晶

2019（令和元）年11月、2週にわたり、テレビ朝日の人気番組「タモリ倶楽部」で、相模鉄道が取り上げられた。そのときの企画は、JR線との直通運転開始を記念して考案されたもので、「相鉄全線一筆書きツアー」というタイトル。名前の通り、相鉄全線を一筆書きで巡ろうという内容だ。

そしてその移動の合間で駅を降り、さまざまな企画を体験していく。たとえば、本当なら貨物船のため通常では乗車することができない、厚木操車場へとつながる厚木線という単線路線を走るというものや、相鉄車両のひとつ、9000系のブレーキ緩衝音を当てるクイズ、架線の検測作業などに使う事業用車両モヤ700形の運転体験など、ファン垂涎の特別でマニアックなイベントばかりだった。

「タモリ倶楽部」はマニアックな企画で知られる深夜番組であり、鉄道に関する特集も度々行われている。その内容も非常にマニアックで、毎回鉄道ファンを唸らせていた。そんな番組でもあったため、相鉄もこの企画実現に向けて気合い十分。社内で企画案を公募し、200以上も出たアイデアから厳選した10の企画をぶつけたという。その結果、番組は鉄道ファン・相鉄ファンたちから非常に好評を博したそうだ。

ぽつんとパーキングにあるバス停

相鉄沿線の観光スポットとして必ずあげたいのが「よこはま動物園ズーラシア」。テーマは生命の共生・自然との調和で、２０１５（平成27）年にオープンした「アフリカのサバンナ」では、肉食動物と草食動物が混合展示されており、自然界に近い様子を見ることができる。

このよこはま動物園ズーラシアの最寄り駅となっているのが、相鉄本線の鶴ヶ峰駅である。鶴ヶ峰バスターミナルから15分ほどバスに乗るとズーラシアに到着する。しかし、鶴ヶ峰バスターミナルといっても、駅前ではなく、少し歩いて行かなくてはいけない場所にある。さらに若干道中がわかりづらいため、横浜市は２０１０（平成22）年にズーラシア行きバス利用者のために、バスターミナルまでの間に合計6カ所の案内板を設けている。

このバスターミナルは以前、別の場所にあった。それは１９７０（昭和45）年にできた。主に上白根（かみしらね）のひかりが丘団地に住む人々の足としてバスが発着していたという。しかし、バスターミナルのすぐ先には相鉄線の踏切があったため、常に道路は混み、バスの運行に支障をきたしていた。また、この地域では相鉄バスのほかに、神奈川中央交通バス、横浜市営バスも運行していたが、それぞれ停留所が異なる場所にあったため、乗客が利用しにくい状況にあった。

そこで、１９９７（平成9）年に3社が乗り入れる新

旧バスターミナルの場所にある鶴ヶ峰駅北口のバス停と鶴ヶ峰駅は、新バスターミナルと鶴ヶ峰駅と同様におよそ5分の距離にある。

バスターミナルが完成。これが現在の鶴ヶ峰バスターミナルである。旧相鉄バスターミナルは今も相鉄の所有地であり、鶴ヶ峰商店街が相鉄から借用して駐車場を運営している。バスターミナルの移動とともにバス停も廃止されそうだが、このパーキングにはバス停が1つ設けられている。これは、このバス停の近くに旭区役所や鶴ヶ峰クリニックなどがあることが関係している。以前よりバスでこれらを利用していた人たちにとっては新バスターミナルは少し距離があるうえ、通院患者などによっては徒歩での移動が負担となるからである。

こうした事情から、今も旧バスターミナルである鶴ヶ峰パーキングには鶴ヶ峰駅北口というバス停が残されている。

撮影に協力的な相鉄

実は相模鉄道は、大手私鉄のなかでも取材や撮影などに対して協力的で、そういったことへの対応が非常にスムーズで積極的な鉄道会社だといわれている。

その理由は、彼らの考える鉄道会社の仕事が、何より沿線の居住者たちを第一に考えたものだからだ。交通機関として人や物を目的地まで運ぶことは大前提。その品質は守ったうえで、沿線に住む人に喜んでいただくにはどうすればいいのか、その方法を常に模索している。

そしてその答えのひとつが、各種メディアへの協力体制だ。ちょっとしたことだが、自分が毎日乗っている電車、いつも走り抜ける姿を目の前でみている車両や、利用している駅などが、テレビや雑誌といったメディアに登場しているのを見るのは、沿線住民にとっては嬉しいものだろう。そうした人たちのために、テレビや雑誌などの取材・撮影には積極的に協力しているという。

ただし、もちろんそれは実際に駅や鉄道を利用している乗客の方や、付近に住む方々に迷惑をかけないという条件でのこと。安全性や業務の妨げにならないかどうかといった点の確認は欠かせない。多くの場合、撮影現場には社員が立ち会っているため、不測の事態にも対処可能。

大切なのは、撮影当日の安全管理や撮影現場の警備など、しっかりと準備を整え、万全を期して臨むことだ。こうした姿勢が、地元の人たちに長く愛される秘訣なのだろう。

3kmの桜並木が続く「海軍道路」

瀬谷駅の西側を南北に通る横浜市道環状4号線のうち、瀬谷中学校前交差点から国道16号まで約3kmにわたる直線道路は桜並木が続いている。約400本の吉野桜が植えられており、春の花見の名所として知られている。この桜並木を含めた横浜市道環状4号線の一部は「海軍道路」と呼ばれている。これは、元々旧日本海軍の軍事施設へ続く道だったことに由来する。

1940（昭和15）年から、旧日本海軍が上瀬谷付近一帯に軍事施設を設置しはじめた。横須賀海軍軍需部瀬谷火薬庫および第二海軍航空廠瀬谷補給工場があり、物資の輸送を目的として現在の海軍道路が整備された。さらに、神中鉄道（現・相模鉄道）の瀬谷駅から施設まで軍事物資などを運ぶための線路も敷かれた。

戦後、旧日本海軍の軍事施設はアメリカ軍に接収され、「上瀬谷通信施設」として運用されることになった。これに伴い、海軍道路も昭和40年代後半まではアメリカ軍専用となり、日本人は使用することができなかったという。

再び海軍道路が使用できるようになったのは、1973（昭和48）年のこと。現地司令官の暫定的措置として、一般開放されることになった。1979（昭和54）年、日米合同委員会によって海軍道路の共同使用の合意が決定され、正式に一般人も利用できる道路となった。

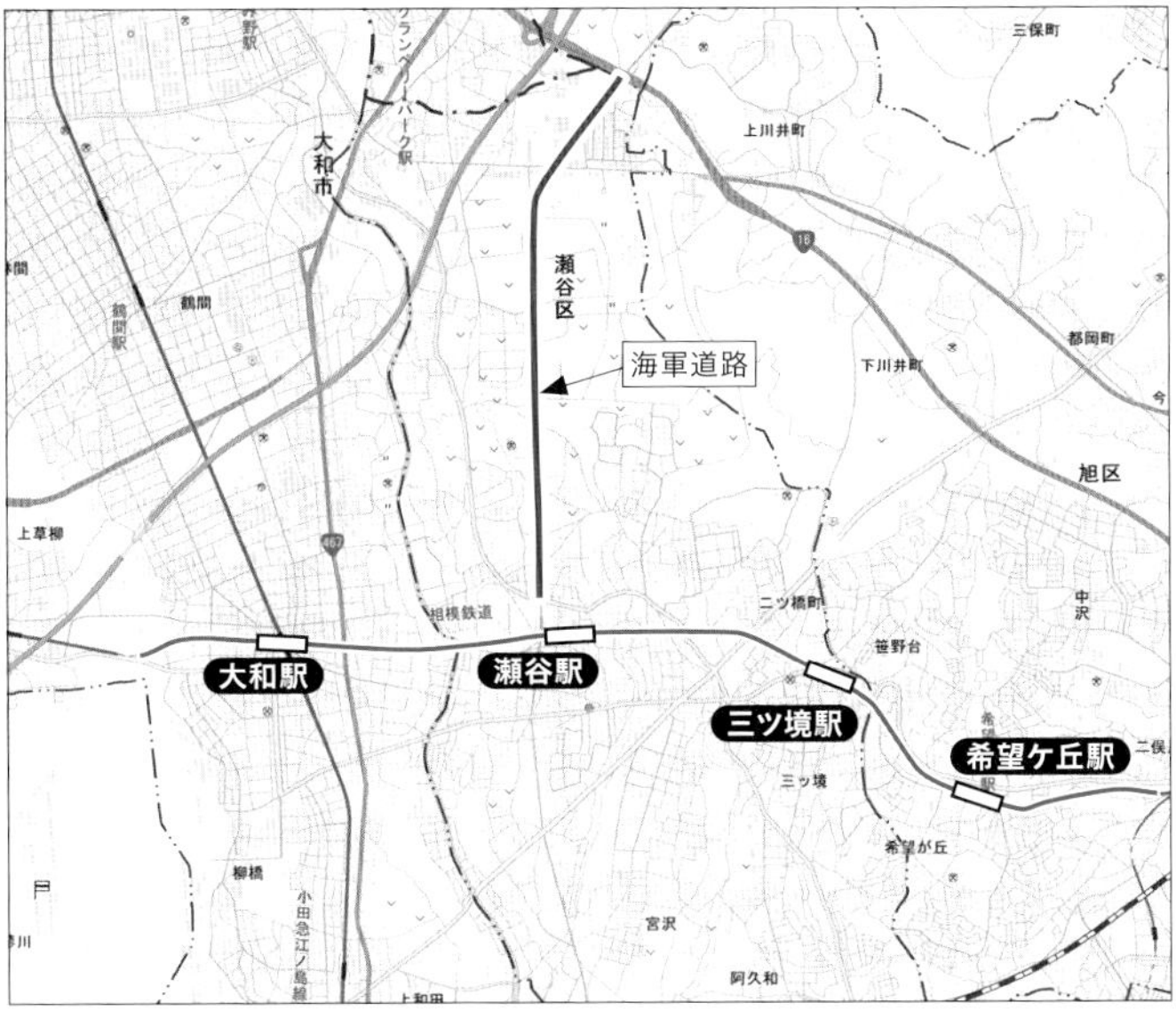

海軍道路のおよそ3kmの道のりは、桜並木として有名である（国土地理院標準地図をもとに作成）。

現在、2015（平成27）年に返還された上瀬谷通信基地跡は、「農業振興ゾーン」と「土地活用ゾーン」の2つのゾーンにまとめる方針を横浜市が出した。また、海軍道路東側のエリアについては、2026年度の開催を目指して「国際園芸博覧会」の招致を検討している。

「海軍道路」という名前は、1973年に暫定的措置で一般開放をした後、1978（昭和53）年に横浜市道路局により愛称として付けられた。以来使われてきたこの名前は、海軍と関係がなくなった今も周辺住民が親しんだ名称であるとして今後も使用されていくという。

"国立"を名乗る唯一の大学

現在、日本には85を超える国立大学が存在している。国立大学の正式名称は「国立大学法人○○大学」というのが一般的で、○○には東京や大阪など地名が入ることが多い。

しかし、相鉄本線和田町駅近くにある横浜国大のみ、正式名称を「国立大学法人横浜国立大学」といい、法人名以外で国立の文言が使われている唯一の大学なのだ。

なぜ横浜国大のみこのような名称になったのか、それは申請時のタイミングに理由がある。戦後すぐの学制改革によって発足した新制の横浜国大は、当初「横浜大学」で申請を行っていた。国立大学の多くは都道府県の名前を大学名にすることが多いが、神戸や金沢などの知名度の高い都市では、県名よりも都市名のほうが人気があった。横浜の場合も同様だったと推測されている。

それを裏付けるかのように、同時期に横浜国大以外に現在の横浜市立大学と神奈川大学も「横浜大学」で申請を出しているのだ。このため、横浜では国立・公立・私立の3者で話し合いが行われ、どこも「横浜大学」の名称を使わないことで合意したという。

こうして「国立大学法人横浜国立大学」は生まれたのだ。

受験生のお守り「ゆめきぼ切符」

受験シーズンになると、合格祈願に神社やお寺で手を合わせる学生をよく目にする。相鉄沿線では、相模大塚駅が最寄りの桜森稲荷神社をはじめ、希望ケ丘駅が最寄りの春ノ木神明社などが学業成就の神社として人気がある。

合格祈願のため、手を合わせるだけでなく、神社やお寺のお守りを購入し、試験会場まで持っていく人も多いだろう。これに匹敵するともいえるのが、「ゆめきぼ切符」だ。「ゆめきぼ切符」の「ゆめ」はいずみ野線のゆめが丘駅、「きぼ」は相鉄本線の希望ケ丘駅から取っている。1999（平成11）年にゆめが丘駅が開業して以降つくられたこのゆめが丘〜希望ケ丘駅間の硬券は、今ではすっかり定着し、受験生のお守りとして人気を得ている。購入はゆめが丘駅と希望ケ丘駅のほか、ウェブでも注文することができる。

「ゆめきぼ切符」は年中購入が可能だが、乗車券の日付は自由に選べるため、自分の夢を叶えたい日にする人が多い。さらに、受験シーズンには硬券を入れることができるキーホルダーの販売やオリジナル絵馬のプレゼントなども。同時期にはゆめが丘駅と希望ケ丘駅に絵馬かけが用意され、キャンペーン終了後は祈願成就のため、寒川神社にてお焚き上げが行われる。叶えたい夢や希望があるときには、ぜひ思い出してほしい。

言い伝えから名の付いた鎌取池

三ツ境駅の南にはその昔、「鎌取池」と呼ばれる池があった。この池は、当時三ツ境という町名になる前の阿久和にあり、阿久和川の源流となっていた。現在は長屋門公園が阿久和川の源流とされている。

「鎌取池」の名前の由来は民話として伝説が残っている。それは、地元の農民が池の近くで鎌を使い草を刈っていたところ、どこからともなく美女が現れ、「その鎌を私に預けてください」という。農民は言われるがままに女に鎌を渡すと、女はかき消えるように姿を消したという。それを村に戻り仲間に話したところ、「俺も取られた」という者が続出。後になって、その美女は池に住む大蛇の化身だったことがわかった、というものだ。ほかにも、池の近くで草を刈り休憩をしていたところ、突然現れた美女に化けた大蛇に目を奪われているうちに鎌をなくしていた、などというものがある。こういった伝説から「鎌取池」という名が付いた。

現在鎌取池は埋め立てられているが、「鎌取池」の民話は現在も語り継がれている。

「ストア」が「ローゼン」になった理由

主に相鉄沿線の住民に親しまれているスーパー「そうてつローゼン」は、かつて「相鉄ストア」として展開していた。1963（昭和38）年、相鉄興業株式会社が運営する、三ツ境駅前に開業した「相鉄ストア」1

号店から始まった。一方、相鉄と髙島屋が出資して設立した株式会社相高が、1959（昭和34）年に大和駅ビル内に「相高ストア」大和店を開業した。1957（昭和32）年に（株）横浜髙島屋を設立して以来、業務提携の関係にあることによる。

こうして、「相鉄ストア」と「相高ストア」という2つのチェーン店で沿線住民の生活を支えていた。1982（昭和57）年に相鉄興業が相高を吸収合併することになり、会社の商号が「相鉄ローゼン」へと変更になった。「ローゼン」とはドイツ語で「バラ」のこと。髙島屋の商号がバラであることにちなんだ名称である。「そうてつローゼン」は相鉄と髙島屋、2つの歴史を背負っている。

直通運転をしていた相鉄と小田急

かつて、横浜駅から海老名駅を経由して小田急線と直通運転を行っていたことがある。本厚木まで乗り入れていたのだ。1941（昭和16）年、神中鉄道、小田原急行鉄道（現・小田急電鉄）、旧・相模鉄道の3社が東京横浜電鉄の傘下に入っていた。東京急行電鉄の創業者である五島慶太により、運営上の無駄を省くとともに輸送力の向上を図るため、相模国分駅（現・信号所）から小田急線に沿って神中線の新線を敷き、海老名駅が開業させた。そして神中鉄道の車両が海老名駅を経由して小田急路線へと乗り入れた。

当初は1日4本の直通電車だったが、1942（昭和17）年のダイヤ改正で1日12本に増えた。太平洋戦争に突入し一次中断してしまうが、1945（昭和20）年から運行が再開する。朝夕の通勤時間帯に直通列車が走るダイヤとなり、相鉄の乗務員が海老名駅からそのまま本厚木駅まで担当して運行していたそうだ。

利用客が年々増加した結果、乗り入れが終了することになってしまった。時は高度経済成長期となり、小田急では増加する利用者の対応のため、小田急線の本数が増えた。これにより海老名駅は小田急線の運行で手一杯となり、相鉄線が乗り入れる余裕がなくなってしまった。さらに相鉄線は海老名駅で小田急の下り線と平面交差しており、海老名駅でのお互いの待ち時間が増え、小田急線の運行に支障をきたす一因となっていた。このような事情から、1964（昭和39）年に相鉄と小田急の直通運転は終了した。

沿線のイメージ戦略は30年前から!

現在、相鉄グループが一丸となって取り組んでいる大プロジェクトとして「デザインブランドアッププロジェクト」がある。しかし相模鉄道でのこうしたイメージアップやブランディングを目指した取り組みは、実はずっと以前から繰り返し行われていたものだ。

車両のデザインを用いたイメージアップとしては、戦後初の自社製車両5000系がそのスタートだといえる。費用に糸目をつけず、こだわり抜いたデザインに刷新。車両も高性能のものになり、イメージアップに貢献した。

続く新6000系最終増備車からは車体がライトグリーンとオレンジのラインになり、これが相鉄線のイメージカラーとして定着していく。このデザインはアルミ車体の車両が登場するとともに改められたが、2007(平成19)年に会社のグループカラーが制定され、新7000系以降の形式から青とオレンジに統一。車両もそのデザインに合わせるようになる。そしてこれをさらに更新したのが、今回の「YOKOHAMA NAVYBLUE」なのだ。

車体のカラーリングは常に会社のイメージとリンクしており、これだけでも、これまでの車両たちがいかに熟考してつくられているかがわかる。

また、イメージアップのため

ホテルに見立てた街づくり

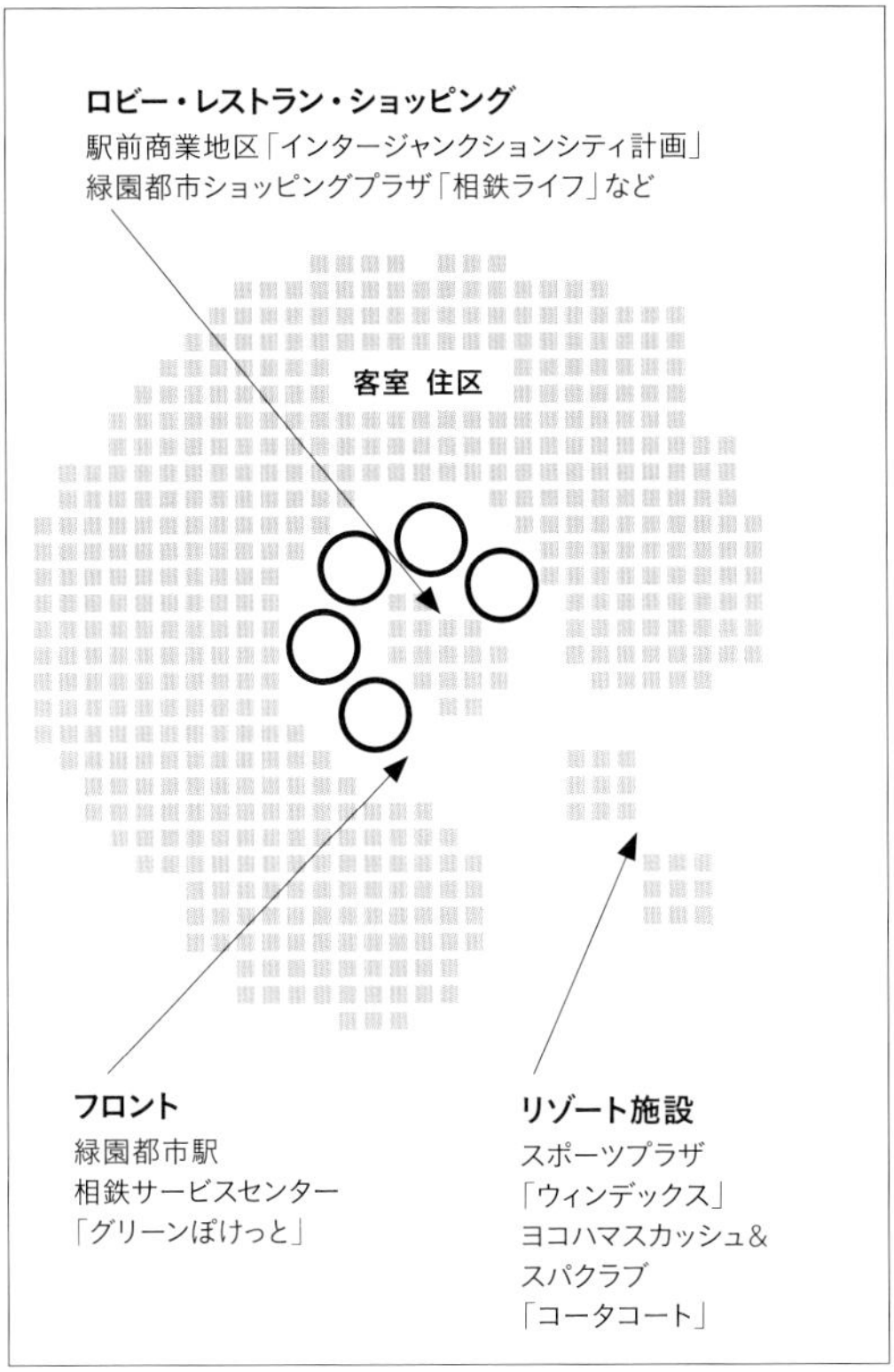

緑園都市住宅地では街全体をホテルに見立て、大がかりな開発が行われた(『相鉄100年史』をもとに編集部作成)。

の施策は車体のデザイン変更だけではない。1976（昭和51）年に開通したいずみ野線沿線を見ると、ブランディングの影響が明らかにわかるだろう。緑園都市駅やゆめが丘駅は、駅名自体が沿線開発に向けたイメージからつけられている。相鉄本線の希望ケ丘駅も同様だ。

さらに、緑園都市駅は特に力を入れて開発が行われた駅で、開業の10年後には周辺の住宅地の分譲を開始。この駅周辺では街をホテルになぞらえて街づくりを行っており、エントランスとして緑園都市駅を、客室として美しく住みよい街並みと住宅地を充実させたのだ。

文化会館や商業施設なども開設し、さらに1987（昭和62）年にはフェリス女学院大学を付近に誘致。3万5000平方m以上の土地を、同大学に譲渡している。フェリス女学院のような長い伝統を持つ学校が転移してくるということは、それ自体が地域にとってのステータスになると考えたのだ。これらの計画は見事に功を奏し、現在この地域は、高品質で暮らしやすい住宅地として愛されている。

泉区と戸塚区の境にある未開発地

いずみ野線湘南台駅からちょうど真東に行くと、泉区と戸塚区の境に円形の未開発地が現れる。区境もこの未開発地に沿って敷かれている不思議な土地だ。

ここには戦時中に旧日本海軍が諸部隊との通信を行っていた通信本部が置かれていた名残である。予定地周囲の土地が買収され、敷地の中央に通信施

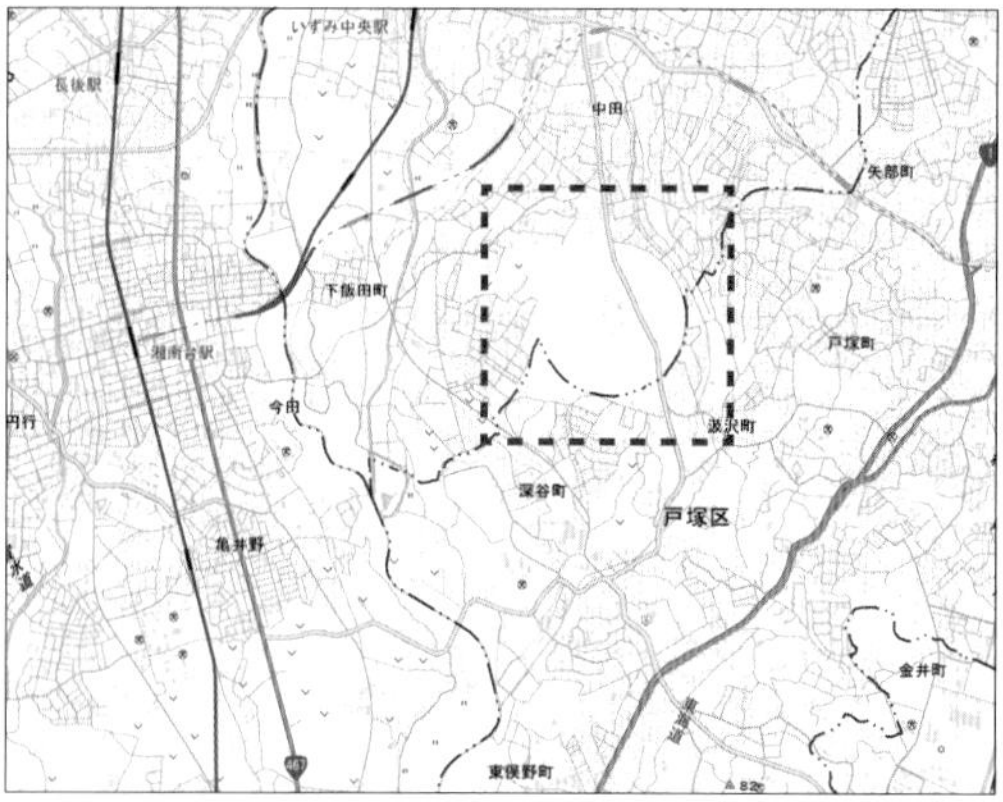

地図で見ると、円形に土地が空いていることが明らかである（国土地理院標準地図をもとに作成）。

設が設置された。敷地が円形状なのは、電波干渉を防ぐためである。しかし、敗戦後1945（昭和20）年の9月2日に「深谷通信所」としてアメリカ軍に接収される。在日アメリカ海軍厚木航空施設司令部の管理のもと、送信施設として使用された。

当時、施設の敷地内は、フェンスに囲まれた建物の内部への立ち入り以外、地域住民に広く開放されていたという。一部グランドを借りて野球の試合を行ったり、土地の耕地利用が認められていた。敷地の利用は、個人や団体がそれぞれアメリカ軍と契約を結び使用許可を得ていた。利用は無料である代わりに、草むしりなどの敷地維持管理が条件付けられていたという。

深谷通信所は2004（平成16）年に日本とアメリカとの間で返還合意がなされ、2014（平成26）年、日本に返還された。防衛省南関東防衛局が管理する国有地となり、使用条件が変わることとなったが、スポーツ施設など横浜市が国有地を借り受け、各利用者が使用できるようになっている。

この土地の活用法はまだ未定だというが、2016（平成28）年には敷地の一部が整備され、中央広場が完成した。これからさらに開発されていくだろう。

海老名駅が起終点だけど……

地図を見れば明らかだが、神奈川県の中部を流れて相模湾に注ぐ川が相模川であり、この川を境に海老名市と厚木市が東西に対峙していることがわかる。しかし、JR相模線と小田急小田原線が乗り入れている厚木駅は、相模川左岸の海老名市側に置かれている。小田急線には相模川の右岸（厚木市側）に本厚木駅があり、相模鉄道（相鉄本線）、相模線、小田急の海老名駅を含

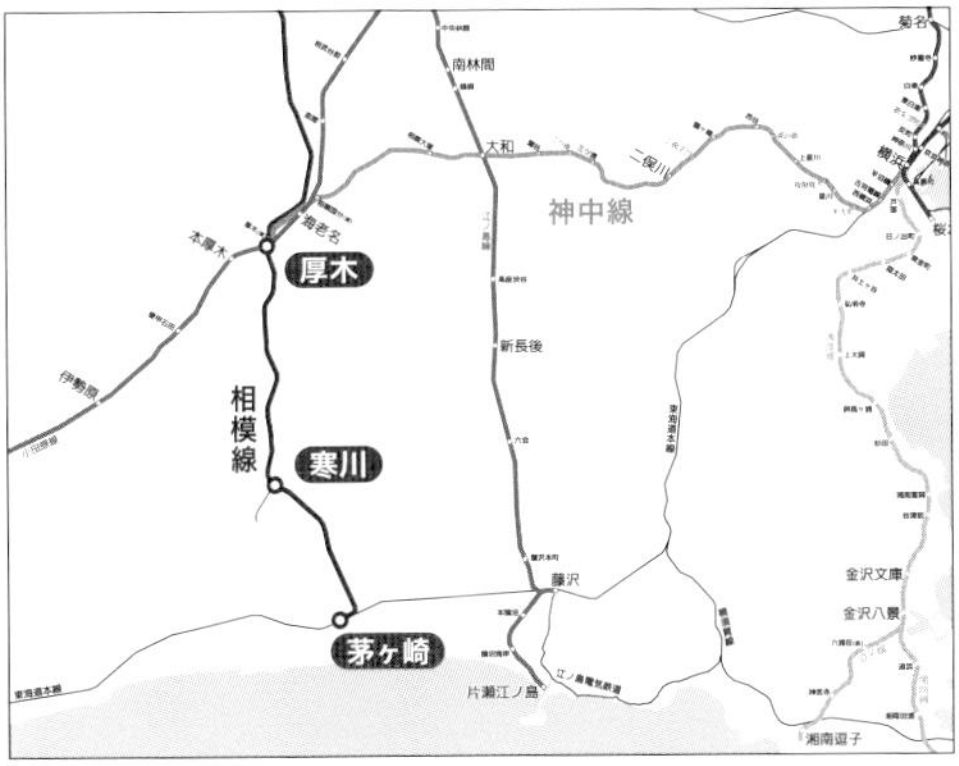

1945（昭和20）年頃の線路図は小田急線と接続し、相模線とは貨物のみ厚木で接続。

んだ３つの駅の関係は複雑である。

この間の事情には、相鉄本線の前身、神中鉄道の路線計画が大きく影響していた。１９２６（大正15）年５月、厚木～二俣川駅間で開業した神中鉄道だが、横浜（東）側への路線延伸とともに、西（現・厚木市）側への延伸も企てていた。その計画は後に小田急線への乗り入れという形で実現し、現在の海老名駅が接続駅として開業し、移転を伴いながら現在の終点駅となったのである。また、相鉄本線から分かれた相鉄貨物線の駅として、相鉄の厚木駅（厚木操車場）は現存している。

相鉄本線の、海老名駅は１９４１（昭和16）年11月に開業した後発の駅である。とはいえ、先に路線を持った小田急線には当初、駅は存在せず、付近にあった海老名国分駅に代わる形で、海老名駅は１９４３（昭和18）年４月に誕生した。相模線に海老名駅が開業するのは、それから40年以上が経過し、国鉄からＪＲに変わる直前の１９８７（昭和62）年３月だった。

海老名駅が開業する前年の１９４０（昭和15）年には、海老名村が町制を施行して、海老名町に変わっている。相鉄本線、小田急線、相模線という３本の鉄道が通る交通の利便性を生かしたことで、町は戦後に大いに発展していく。１９７１（昭和46）年には市制を施行して海老名市となり、現在の人口は約13万５０００人に増加している。歴史を振り返ると、この地域にとって神中鉄道・相模鉄道の果たした役割がいかに大きいかが見えてくる。

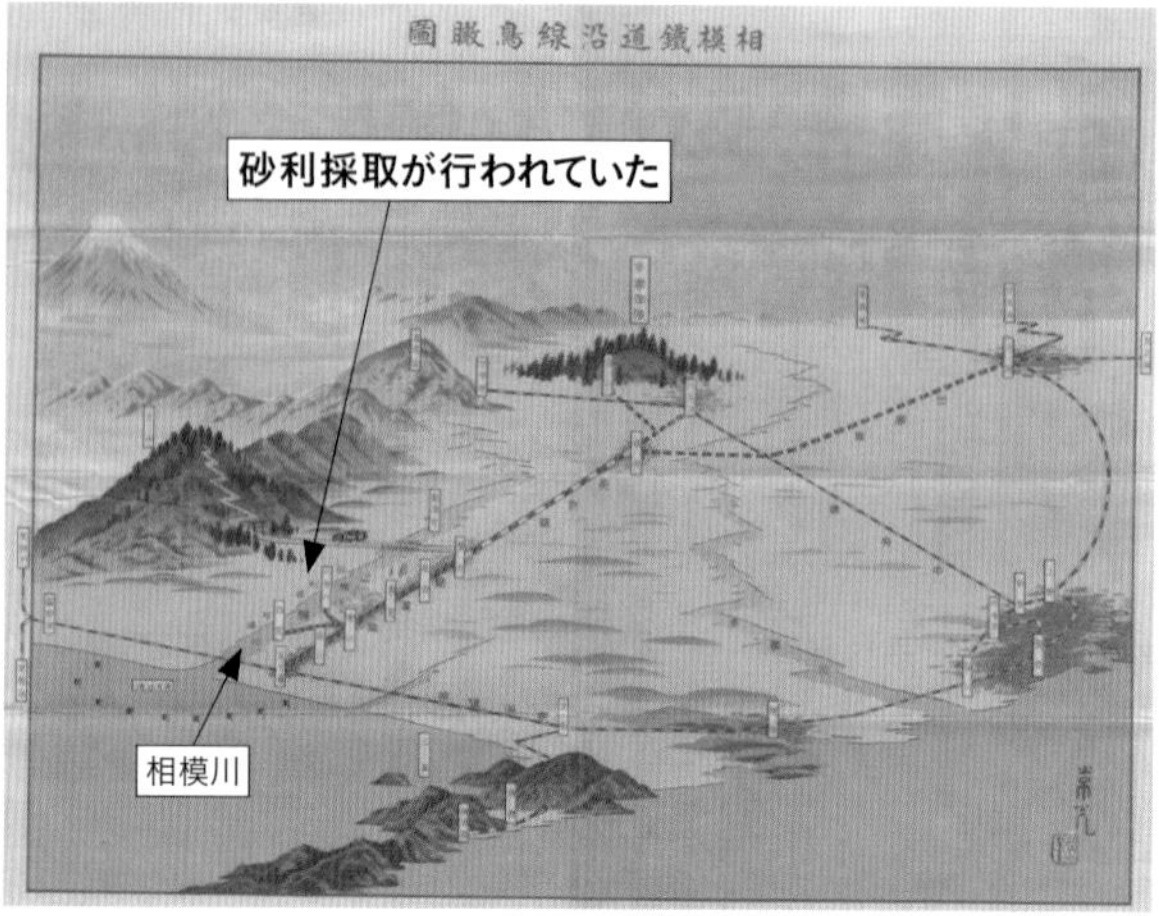

神中鉄道と合併する前の相模鉄道の線路見取図（生田誠氏提供）。

駅番号欠番40番台の理由

相模鉄道に限らず、どの沿線の駅にも駅番号というものが付与されている。これは駅ナンバリングとも呼ばれ、基本的には路線の頭文字と数字を組み合わせたものを使用している。訪日外国人の増加などを受けて、近年多くの鉄道事業者が導入しているものだ。

2019（令和元）年11月30日に開業した羽沢横浜国大駅の駅標。

相鉄でも2路線全駅に相鉄を表す「ＳＯ」を付け、路線ごとにナンバリングを行っている。２０１９（令和元）年にできた羽沢横浜国大駅にも「ＳＯ51」と付与された。

相鉄本線の横浜〜海老名駅間には「ＳＯ01〜18」、いずみ野線の南万騎が原〜湘南台駅間には「ＳＯ31〜37」をふっている。この順番からすると相鉄・ＪＲ直通線には40番台がふられそうだが、なぜか飛ばされている。

これは、路線の延伸や新駅設置の可能性があるからだというのだ。実際いずみ野線については、神奈川県や藤沢市が延伸を検討しているという。

２０１６（平成28）年に行われた国土交通省の交通政策審議会において、２０３０年までにつくるべき鉄道路線のひとつとして、湘南台から寒川町倉見までのいずみ野線延伸が位置づけられた。具体的には、地下3階の現・湘南台駅からそのまま西へ線路を延ばし引地川（ひきちがわ）の下をくぐり、藤沢市石川に駅を１つ設置。そこからさらに西へ進み藤沢市遠藤にもう１つ駅を設置し、ＪＲ倉見駅に接続するという計画である。

実は神奈川県では、２００４（平成16）年に「いずみ野線延伸研究会」を立ち上げ、湘南台駅からツインシティまでの区間について、延伸可能性を3年間検討して取りまとめていた。さらに平成22年度より、藤沢市、慶應義塾大学、相鉄とともに、「いずみ野線延伸の実現に向けた検討会」を設立し、第一期として慶應義塾大学SFC付近までの区間について、2年間検討を行い、検討結果を取りまとめている。

なぜ国土交通省の検討よりも先に神奈川県が取り組んでいたのか。それは同県が寒川町倉見地区に東海道新幹線新駅を誘致したい考えがあるからだ。その歴史は古く、1975(昭和50)年に「東海道新幹線仮称相模駅新設促進協議会」が設立された。倉見地区へ新幹線が停まり、いずみ野線がJR倉見駅に接続すれば、ますます利便性の高い交通網となるだろう。

しかし、用地の買収や事業採算性の確保などはまだ未知数。現在は相鉄・東急直通線の開通を待つのが賢明のようだ。

新カラー「YOKOHAMA NAVYBLUE」

相鉄グループは2015(平成27)年より、グループの100周年とJRとの相互直通運転実現に際して、「デザインブランドアッププロジェクト」を本格始動させた。会社全体として、新たな生まれ変わりを目指して動き始めた。そこで発表されたさまざまな変更点のうちで、最も象徴的な変化だといえるのが、車体のカラーリングの刷新だろう。

新たな色として用意されたのは「YOKOHAMA NAVYBLUE」。長く港町として栄えてきた横浜をイメージして紺色を使用、さらにその歴史をうつすような、濃くて深みのある色合いになっている。それまでの相鉄線には都市と自然の調和というコンセプトが

相鉄・JR直通線に導入された12000系(Photo AC)。

あったのだが、新プロジェクトではさらに高い上質さ、エレガントさといったイメージを合わせ、沿線のイメージ向上を図るということでこの色になったという。

それまで相模鉄道で走行している車両のうち、2016(平成28)年に8000系が、2020(令和2)年には9000系で「YOKOHAMA NAVYBLUE」モデルが登場している。もちろん塗り替えられたのは車体の外装だけでなく、内装も大きくデザインを改められた。グレーを基調としたカラーリングにガラスの仕切り板などを導入、全体として上品にまとめ上げている。今後も徐々に各車両の再塗装が続けられる予定だ。

また、このほかにも駅舎のリニューアルを実施。駅舎は車両の内装より濃いグレーを主体として、レンガやガラスをキーマテリアルとしている。カラーリングはできるだけ抑え、案内板などを見やすくした実用性の高さも魅力だ。

これらのデザインはどれも、ただ新しさを求めるということではなく、数十年経ってから見直しても古くさくならないようにと考えられている。利用客の方に、これから先もずっと愛してもらえるような鉄道にしたいという思いが込められているのだ。

こうしたデザイン性やカラーリングは、リニューアルした既存の車体以上に、その後の新規車両に顕著に反映された。2018(平成30)年に20000系が、翌年に12000系が登場したのだが、この2つは、ともに最初から「YOKOHAMA NAVYBLUE」だ。もちろん内装もそのデザインになぞらえてある。さらに、車体の前面のデザインをそれまでの車両から一新。特に12000系は能面の「獅子口」をイメージした造形で、迫力のある印象が個性的だ。歴史の深みを踏まえつつ、常に新しく魅力的な存在を目指す。その象徴となるのが、この「YOKOHAMA NAVYBLUE」なのだ。

29年ぶりの制服リニューアル

相鉄グループ創立100周年を2017(平成29)年に迎え、相模鉄道と相鉄バスはさらなるブランドイメージと認知度向上に力を入れた。

2019年にはJRと、2022年度までには、東急線との相互直通運転が始まることもあり、29年ぶりに制服の刷新を行ったのだ。新車両の20000系、12000系と一緒に、新しい相鉄の姿を見せる絶好の機会となる。

デザインは、「くまモン」の生みの親であり、相鉄グループの「デザインブランドアッププロジェクト」の総合監修も務める水野学氏と、多くのヒット映画の衣装を手掛けるスタイリストの伊賀大介氏が協働で担当。社員の意見も多く取り入れられているという。

新しい制服は、軽量でストレッチ性に優れた素材を採用している。横浜をイメージした濃紺色を基調とし、袖の金色のラインで階級の認識性を向上させた。防止の素材にメッシュを取り入れ快適性も向上させ、女性用の帽子は風の抵抗を考慮して全周につばを施したデザインとした。

デザインと機能性の両方を兼ね備えた新しい制服である。「これまでの１００年を礎に、これからの１００年を創る」とのコンセプトの下、さらに沿線の住民に愛される相鉄になっていくだろう。

瀬谷にテーマパークができる?

現在、横浜市の郊外、瀬谷区の一角には広大な広場がある。ちょうど相鉄本線の瀬谷駅から、駅舎の西側を走る環状４号線を、まっすぐ北に向けて１㎞ほど走っていくと道の右側に見えてくる広場だ。「海軍広場」と呼ばれており、かつてはアメリカ軍の上瀬谷通信施設があった。戦後、アメリカ軍が２４２ヘクタールもの土地を接収し、電波の傍受や暗号解読、軍人用の住宅などに利用していたのだ。

観光ゾーンになるのは125ヘクタール。千葉のテーマパークが73.5ヘクタールだというから、その約2倍。実現すれば、日本最大級のテーマパークになるだろう(国土地理院淡色地図をもとに作成)。

しかし1991（平成3）年の冷戦終結後は同基地の役割が減少し、徐々に規模を縮小。米軍の敷地でありながら、ほとんど何にも使われずに放置されている土地も多かったのだが、2015（平成27）年に日本へと返還、現在のような広場となった。

変換された土地は、55％を国と市が保有しており、返還を受けた市はここを利用して「国際演芸博覧会」の開催を決定。2027（令和9）年の開催に向けて現在も動いている。しかしその実現に向けた課題のひとつとして、瀬谷駅からこの広場へとつながる交通機関の整備が挙がっており、現在新たな鉄道路線の敷設・整備計画も進行中だ。

そしてこの博覧会終了後、改めてこの土地を有効活用する方策を検討していくなかで持ち上がったのが、大型テーマパークの誘致だ。これは主に地権者たちによる「まちづくり協議会」からの提案だったということなのだが、その提案者の一員として、相鉄グループも名前を連ねていたということが明らかになっている。まだまだ構想の段階で事業者なども決まっていないが、横浜市も実現の可能性は十分にあると述べている状態だ。相鉄線の沿線のなかでも、今後の動向に注目が集まる地域だといえる。

全国民の心を摑んだタマちゃん

2002年、突如東京湾に現れ全国のニュースで動向を追いかけ、話題となったアゴヒゲアザラシのタマちゃん。当時1歳前後の子どもで愛らしい姿にみんなが夢中になった。

その熱は留まることを知らず、当時首相だった小泉純一郎が内閣府内のインタビューでコメントしたり、毎日報道番組で連日報道されるなど、メディアを賑わせた。

タマちゃんは最初に多摩川に現れたためか詳細は定かではないが、誰からかともなくタマちゃんの愛称で呼ばれ親しまれたが、実は横浜の帷子川や鶴見川にも出没している。

帷子川や鶴見川は都市河川として水質が悪いと思われていたため、住民からタマちゃんを心配する声が上がっていたが、タマちゃん本人はどこ吹く風。実際に2つの河川は海水と真水が入り交じった汽水域であり、タマちゃんのエサとなるえびや魚が豊富なため現れたのではないかという説が有力だ。

タマちゃんは帷子川でひと冬を過ごし、この川が流れる横浜市西区は「地域の魅力向上に貢献した」として、「ニシ　タマオ」と命名し特別住民票を発行している。約2年、その姿は追いかけられ２００２（平成14）年には流行語大賞になり多くの関連グッズも発売された。

近代水道発祥地は横浜

上星川駅の南口を出て帷子川を越え、さらに左へ進むと、水道道という道路にあたる。その先に西谷浄水場がある。

横浜は近代水道発祥の地で、水道事業は明治時代からスタート。以来、時代を重ねるごとに増える人口に合わせて、その規模を拡大してきた。西谷浄水場ができたのは、１９１５（大正4）年のこと。現在は水道施設の遺構があり、１９９７（平成9）年に国の登録文化財として指定された。約１００年前につくられた西谷浄水場は、大正時代の建造物にもかかわらず、現役で稼働している。

さて、近代以前の水を木樋（もくひ）で送る水道は水漏れや塩分などの問題を抱えていた。横浜は埋め立て地で成り立っているため、井戸を掘っても飲料になるようなものは少なく、それでも水売りの水だけでは足りず質の悪い井戸水や川の水を利用する者も多かったという。ただでさえ伝染病などに悩まされていたうえ、全国的なコレラの蔓延もあり、神奈川県は横浜に近代水道導入を決意する。

そこで、１８８３（明治16）年に渡来した、中国の広東の水道計画を成功させたイギリス陸軍の技師、ヘンリー・スペンサー・パーマーに水道工事を依頼した。彼は母国から機械や機材を取り寄せ、水源を相模川と道志川が合流する三井に定め、野毛山の浄水場まで導水路線を開設。こうして、１８８７（明治20）年に日本初となる横浜の近代水道が誕生した。パーマーは横浜の水道の父ともいわれており、野毛山公園に胸像が建て

横浜水道建設工事を完了後、1888（明治21）年には内務省土木局名誉顧問技師として勅任官となった。

られている。

後に野毛山と三井の間につくられた西谷浄水場は海抜70mで、水を供給するのにこの高低差は最適だった。すぐ下に帷子川があり、建築資材を港から船で運べるという利点もあった。

さらに西谷浄水場ができた翌年の1916（大正5）年に、横浜市は山梨県から道志村水源林を買い取る。水源林の整備を行って、安全な水を安定的に供給できるように、横浜市金沢区と同じ広さの森林を買い取った。横浜の近代水道は、いち早く導入されただけでなく、将来の人口増加なども見越した計画になっていたのだ。

横浜の「古戦場」万騎が原

南万騎が原駅の右側には、万騎が原という街が広がる。かつてこの万騎が原の一帯は「牧ヶ原」と呼ばれていたという。それが今の名称に変わるきっかけとなったのは1205年、源頼朝の重臣であった畠山重忠が、この地に数万騎の陣を構えていた北条氏によって討ち取られたという史実に由来するという。

畠山重忠は平安時代末期から鎌倉時代初期の武蔵野国男衾郡（現・埼玉県深谷市）の武将で、鎌倉幕府の有力御家人だった。源頼朝の挙兵に際して当初は敵対したが、後に臣従して三条河原で源義仲の愛妾の女武者・巴御前と一騎討ちを演じ、怪力で巴の鎧の袖を引きちぎった宇治川の戦いなど、治承・寿永の乱で活躍した。

しかし、1205年、頼朝の没後に実権を握った初代執権・北条時政の謀略によって謀反の疑いをかけられ、北条時政。策に嵌まってしまう。北条は「鎌倉に異変あり、至急参上されたし」と偽りの手紙を重忠に送り、鎌倉に呼び寄せる。重忠は家臣たち134騎を連れて居城を出発し、二俣川付近まで来た。このとき北条勢の待ち伏せに気づいたが、あえて引き返さず布陣した。畠山軍は北条軍と激戦を繰り広げるも、北条軍1万騎以上の戦力に敗れ、重忠は討ち死にしてしまう。

南万騎が原駅の駅名を記す看板の裏には馬のモチーフが施されており、また重忠の死を偲ぶようにあちらこちらに重忠にまつわるものが多く残っている。二俣川駅を最寄りとする県営万騎が原団地の一角には、当地と埼玉県の地元の有志により1892（明治25）年に建立された「畠山重忠公遺烈碑」があり、1955（昭和30）年6月には没後750年を記念して、同じく当地と埼玉県の有志が「畠山重忠公碑」を鶴ヶ峰に建立している。

この辺りでは古戦場が多く、鶴ケ峰にも古戦場があり、鶴ケ峰駅周辺には「重忠首塚」「さかさ矢竹」「六ッ塚」などがある。

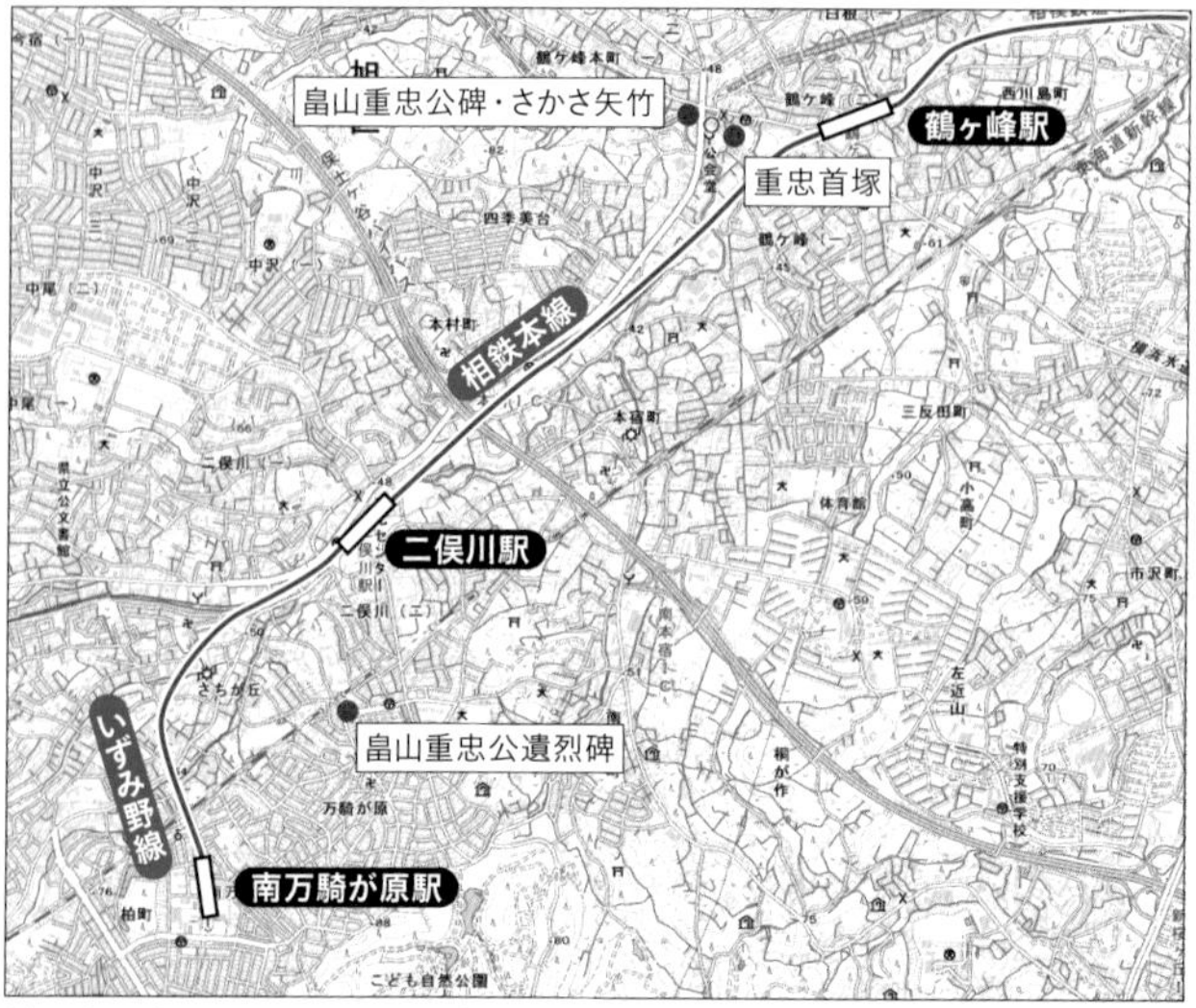

鶴ヶ峰〜南万騎が原駅間周辺(国土地理院淡色地図をもとに作図)。

あの天下人も通った二ツ橋

三ツ境駅と瀬谷駅の間にかつて存在していた、二ツ橋駅。この駅名は地名に由来するものだが、二ツ橋がかかる道は中原街道である。中原街道は江戸と現・平

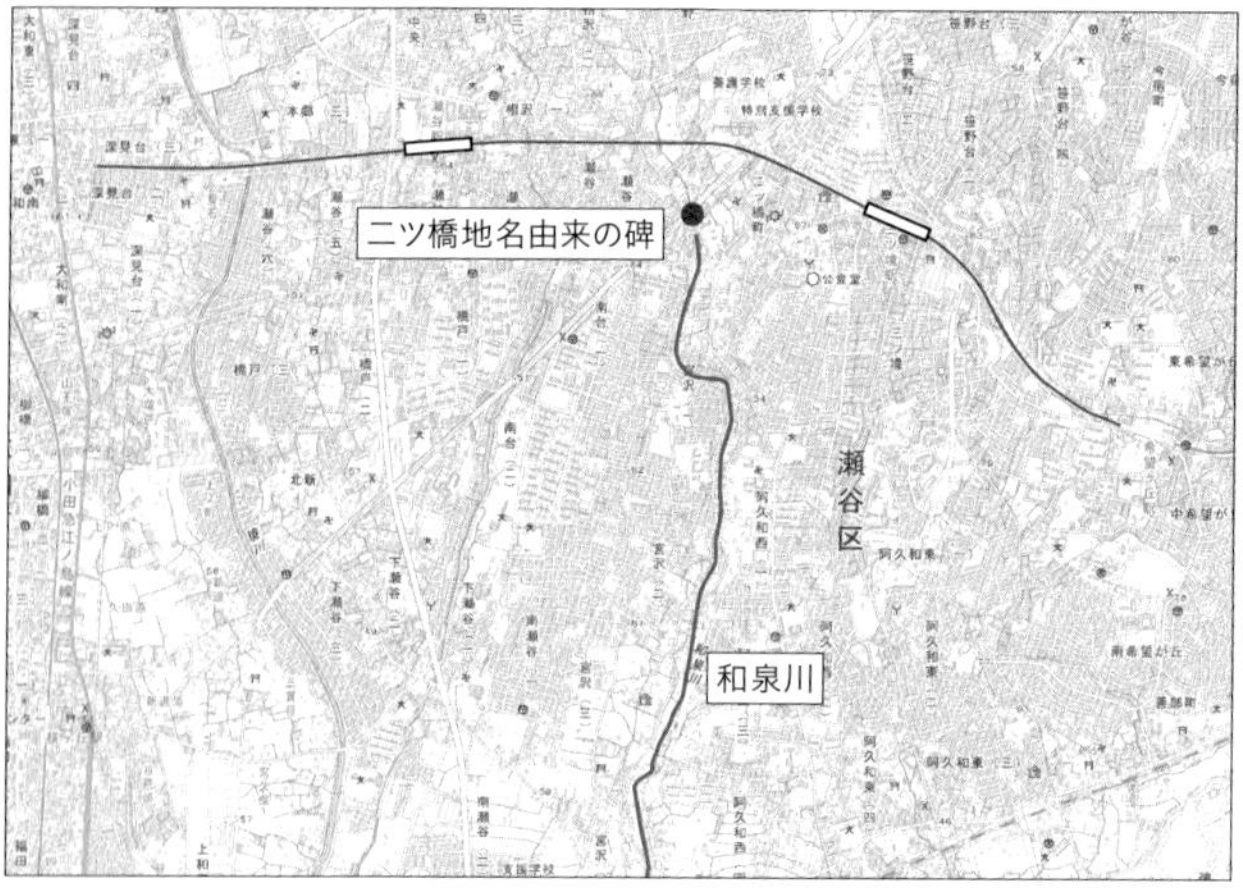

「二ツ橋地名由来の碑」の辺りを流れている和泉川は現在暗渠化されており見ることはできないが、南へ下ると再び姿を現す(国土地理院標準地図をもとに作成)。

塚市の中原とを結ぶ道路で、徳川家康が国替えで1590年に江戸入りしたときにも利用している。

ここは、後に東海道の脇街道としても利用されていた道だった。さらに、まるで気に入っていたかのように駿府と江戸の往来のときや鷹狩りの際にもこの地を訪れていたという。また、中原街道は東海道に比べ平塚までの距離が短くて歩きやすく、難所も少なかったことから積極的に利用されていたといわれている。

二ツ橋交差点には、「二ツ橋地名由来の碑」が建ち、そこに家康がこの地を親しみを込めて詠んだ歌が二首刻まれている。歌からはこの地に流れる川の音に思いを馳せる家康がうかがえるが、現在この辺りに川は見当たらない。この「川」は和泉川を指していると考えられており、和泉川の源流は今も瀬谷区の中心を流れて泉区に続いている。時代と場所は違えど、家康を和ませた川は今も住民の憩いの場として存在している。

瀬谷駅近くには、家康が設けた鷹狩り場の痕跡を見ることができる。幕府は1596~1615年の慶長年間、旗本の長田忠勝をお鷹場支配として、鷹狩りの指揮所を築かせた。現在も環状線4号線高架脇下辺りの草木が生い茂った小山のようなところが「鷹見塚」と呼ばれ、その名残を残している。

「日本のサグラダ・ファミリア」ついに完成？

1872（明治5）年、現在の桜木町駅の場所に横浜駅ができてから、約150年が経とうとしている。1915（大正4）年に2代目横浜駅が旧東海道本線上に新設されるも、1923（大正12）年に関東大震災で駅舎を焼失してしまう。その後、現在の位置に3代目駅舎が1928（昭和3）年につくられた。

この前後から現在の東急東横線、京急線、相鉄線の横浜駅は、都度工事が行われている。その後も1995（平成7）年に東横線の線路を地下化、新設されたみなとみらい線と結ぶ工事も実施した。これは当初4~5年で終了し、みなとみらい線が開業する予定だったが、計画がずれ込み2004（平成16）年開業となった。

横浜駅は開設以来ほとんどの間どこかを工事しているような状態で、「日本のサグラダ・ファミリア」と呼ぶ人が出てくるほど。実際に、上記のみなとみらい線開業後も、2006（平成18）年に京浜急行電鉄のホーム構造の変更工事を、2010（平成22）年にはJR東日本が横須賀線と湘南新宿ラインのホーム拡張工事を行うなど工事は尽きない。

2019（令和元）年まで行われていた工事では、横

JR横浜タワー。12階には「うみそらデッキ」があり、訪れた人がくつろげる憩いのスペースとなっている。

浜駅を利用する人なら誰もが知る「馬の背」が解消された。これは、横浜駅の地下中央自由通路と西口地下街「相鉄ジョイナス」などを遮っていた地下構造物の通称である。歩行者が横浜駅と西口地下街の間を移動するには、一度地上に出てから再び地下に降りなければ行けなかったため、「馬の背」と呼ばれていた。撤去工事は2015（平成27）年から約4年間行われた。ただ、中央自由通路と西口地下街の床高がやや異なるため、新設された連絡通路には階段、エスカレーター、エレベーターが設置される。それでも以前より移動が格段に楽になった。

さらに、今年は「JR横浜タワー」が完成し、テナントも順次開業している。このビルにはJR東日本の商標施設「NEWoMAN（ニュウマン）」とシネコン「T・ジョイ横浜」が入居するほか、12階には屋上広場「うみそらデッキ」が設けられている。ここから横浜港や横浜ベイブリッジを一望でき、新たな人気スポットとなりそうだ。

「JR横浜タワー」完成により工事は一区切りついた。しかし、時代のニーズに合わせ改良を続ける横浜駅に「完成」の文字はないのかもしれない。

無償寄付によってできたこども自然公園

1955（昭和30）年頃、東急、西武などの大手私鉄は、沿線の住宅地開発と合わせて遊園地、動物園などの開設により沿線街の旅客誘致を積極的に行っていた。

相鉄も同様の目的を持ち、沿線の居住人口の増加のため大規模開発事業に着手。神奈川県との共同事業である万騎が原団地がその代表である。そして、万騎が原団地の85万平方mの土地に加え、大池周辺の土地23万6000平方mも買収した。ここに、住宅分譲地のほか、グラウンドや公園を建設することを計画したのだ。

しかし、1968（昭和43）年に制定された都市計画法の結果、大池周辺の土地は住宅などが建てられない、都市公園として整備するしかないものになってしまった。

相鉄は、この計画を断念。同年横浜市に所有する土地のうち、22万平方mを無償で寄付した。

これを受け、こども自然公園が都市公園として1972（昭和47）年に開園。その後、1979（昭和54）には野毛山動物園の分園として万騎が原ちびっこ動物園が自然公園内にでき、1999（平成11）年には、鶴ケ峰駅の北の上白根によこはま動物園ズーラシアが開園した。

公園内にある遊具「とりでの森」は子どもたちに人気である。

長い時を経て、思わぬ形で相鉄の構想は実現することとなった。

優雅な鉄子たちの休日

相鉄では、今までに2回「鉄子たちの休日　秘密の鉄分補給」というイベントが開催されている。これは、前例がないと思われる女性鉄道ファンのみを対象にした、相鉄のイベント。「鉄子たち」と銘打つだけあって、もちろん男子禁制。女性鉄道ファンのためのサービス満点イベントが行われた。

当日は、かしわ台駅にある車両センターに集合。現役車両と旧型保存車両の見学、乗務員模擬体験を行い、ホテル特製ランチ（第1回目は横浜ベイシェラトンホテル&タワーズ特製サンドイッチだった）の昼食を堪能する。

ここまでは2回とも同じだが、第1回目（2013（平成25）年11月24日開催）は、この後10000系特別臨時電車で横浜へ向かい、西口の横浜ベイシェラトンホテル&タワーズでアフタヌーンティと相鉄の若手乗務員をまじえてのおしゃべりを楽しんだ。

第2回目（2014（平成26）年5月25日開催）は、宿泊プランと日帰りプランが設定された。日帰りプランはランチの後、今は貨物線として使用されている厚木線への体験乗車の後、かしわ台駅にて16時に解散。宿泊プランは横浜ベイシェラトンホテル&タワーズに移動をし、ホテルレストラン オールデイブッフェ「コンパス」にて夕食。19時より駅長などが同席し21時まで歓談を楽しんだ。翌日12時に各自チェックアウトとなっていた。

第2回目の様子はそうにゃんのオフィシャルサイトのブログでも読むことができる。1941（昭和16）年から旅客営業を行っておらず、貨物線となっている厚木線の体験乗車ができるうえに、そうにゃんにも会えるなんて、鉄子さんでなくともぜひ参加をしてみたいイベントだ。

相鉄の「レッド」一堂に会す

度々イベントが行われる相模大塚駅構内の特設会場だが、2014（平成26）年6月15日に「さよなら赤帯旧塗装 車両撮影会 in 相模大塚」というイベントが開催された。

塗装変更により、同年中に「赤帯」デザインの車両がなくなることを機に撮影会が行われたのだ。起案者は、自身も鉄道ファンだという相鉄の社員だ。「自分が撮りたいんだから、みんなも撮りたいに違いない！」と一念発起。この日のために1カ所に赤い車両が集まるよう社内調整を行い、車両の停車位置も細かく指定したという。

赤い塗装の車両は長らく相鉄カラーとして認知され、

撮影会時にはこの新7000系も新製当時の赤帯の姿で展示された（楠居利彦氏提供）。

利用者からの人気も高かったという。当日は、7000系、新7000系、8000系、9000系の車両が揃った。

この日は晴天に恵まれ、多くのファンで賑わった。正午と13時半には、8000系と9000系の前面種別表示部分にイラストのそうにゃんが表示されたり、そうにゃんの撮影会が行われたりと貴重な1日となった。「さよなら赤帯旧塗装 車両撮影会・in 相模大塚」は相鉄で行われたイベントのなかでも記録的な動員数となったそうだ。社員の「撮りたい」はみんなの「撮りたかった」でもあったのである。

武蔵と相模を分けるトンネル

その昔、多摩丘陵の尾根を境にして、武蔵国と相模国が存在した。相模鉄道が旧・相模鉄道と神中鉄道だった頃、まさに相模国を走る相模鉄道と、武蔵国を走る神中鉄道だった時代がある。それが合併によって、現在は当時の神中線が相模鉄道として運営されている。

この武蔵国と相模国を分けるのは万騎が原トンネル。旭区にある二俣川駅で相鉄本線から分岐し、相鉄いずみ野線は万騎が原トンネルをくぐって緑園都市駅に至り、泉区に入る。

トンネルを抜けると、風景が大きく変わるのだがここで注目すべきは川の流れである。相鉄本線を沿うように流れる帷子川は、旭区を源流域として東京湾へ流れていく。しかし、トンネルを抜けた先にある阿久和川などは帷子川とは逆に流れ、柏尾川、境川に合流し、江ノ島の脇で相模湾へ流れていく。帷子川と境川のふたつの河川流域の間には、川の流れを分かつ分水嶺がある。現在の横浜市内ではこの分水嶺を境に武蔵国と相模国が分かれていたという。

南万騎が原駅から区境へ行くと、「相武国境之道」と刻まれた石碑が建っている。古代に定められた国の境界線は、地形に応じて引かれていたことが実感できるだろう。

ゆるキャラグランプリ卒業

2014（平成26）年にそうにゃんが相鉄に入社してからずっと参加していたゆるキャラグランプリの幕が、2018（平成30）年ついに閉じた。登場1年目にして、鉄道会社のキャラクターのなかでは1位を獲得し、翌年から他の部門でも順位を上げてきたそうにゃんだったが、2018年、相互運転が間近に迫り、相鉄の広報担当業務に専念するということで卒業を発表した。

結果として最後の参加となった2017（平成29）年は華々しい成績を残している。その他企業部門では、全477キャラのなかで14位になっている。

さらに、公式では発表されなかったが、そうにゃんが調べたところによると、神奈川県部門において41キャラ中1位という好成績を出したのだ。

もちろん、鉄道部門においては登場以来4年連続の1位。そうにゃんもブログで報告をしており、とても喜んでいる様子がうかがえる。

ゆるキャラグランプリは卒業となったが、これからも相鉄のさまざまなイベントでそうにゃんに会える機会があるだろう。

「横浜駅西口」エリア獲得の裏の努力

横浜駅西口付近に広がっていた、米国石油会社のスタンダード石油の所有地を買収した、と既に記載をしたが、相鉄が買収を成功させるまでには、大きな障害があった。

この土地には、スタンダード石油が石油貯蔵タンクを設けていた。1923（大正12）年の関東大震災で損傷した石油タンクから石油が川へ流失し、それが引火して付近の住宅を巻き込む大きな火事となった。その後、同社は石油タンクの再建を図るも、地域住民の反対で実施することができず空き地となり、戦後は米軍の資材置き場となっていた。1951（昭和26）年にも

現在は相鉄ジョイナスが建っているが、その前には横浜駅名品街があり、人々で賑わっていた。

との会社に戻ったが、売却されることになる。翌年、相鉄がこれを買収したのだが、これには紆余曲折があった。

この横浜駅西口の土地に注目したのは、相鉄だけではなかった。東急グループの総帥五島慶太も狙っていた。それは、1951年に相鉄の株式買い占め工作が表面化することで明るみになる。

この買い占め工作は、五島の意を受けて、小田急が行い相鉄の全株式の30％近くを買い占める。相鉄側は企業防衛のため増資を強化したが、それを決める臨時株主総会（1951年9月）では、株主からの委任状争奪戦となり、双方のビラ合戦が繰り広げられた。小田急サイドは「相模平野の鉄道は小田急が一元経営してサービスの向上を図る」といい、それに対し相鉄サイドは「東京大資本の横暴を許すな」と、横浜・神奈川の郷土愛に訴えた。

この一連の騒動で五島ではなく小田急が動いた理由は、「大東急」時代の五島の部下であった安藤楢六の存在があったという。安藤は当時小田急社長に就任しており、小田急は相鉄を買収して直通運転をしたかったのではないかとされているのだ。

最終的に、委任状のわずかな差で相鉄は防衛に成功したものの、小田急からの合併の圧力はすさまじかった。相鉄は公正取引委員会に審査請求をし、結果として当時の国鉄総裁長崎惣之介が調停に入り事なきを得た。両社はじきに合併するとみられていたが、それには至らず、やがて相鉄は大手私鉄になり創業100周年を迎えた。これについて相鉄50年史には「創立以来遭遇したことのない会社の危機」とある裏には、このような攻防が繰り広げられていたのだ。

辛くも東急および小田急の猛攻撃をかわした相鉄は、見事スタンダード石油の持つ土地を買収。

その後、相鉄が開発した横浜駅西口は見事な発展を遂げ、今や横浜といえば横浜駅西口、といわれるほど大発展を遂げている。相鉄の先見の明が光った出来事だった。

生糸商人の熱意から生まれた神中鉄道

神中鉄道といえば、二俣川や瀬谷を経由して横浜と神奈川県中央部を結ぶ路線であることは紹介していたが、なぜこの地に線路が敷かれたのか。それは神中鉄道の前身、神中軌道の設立にさかのぼる。

横浜港は当時日本最大の輸出港となった。主な輸出品は生糸で、福島、群馬、山梨などの地方から集められたことはよく知られているが、神奈川県内でも養蚕が盛んに行われた。特に畑作地帯では桑葉の確保も容易で、現金収入を求めて現在の瀬谷区や泉区の一帯で養蚕が盛んに行われていた。

養蚕によって繭の入手が容易となり、さらに阿久和川や和泉川などから製糸に必要な水も確保できた。こうした環境により、明治後期から大正中期にかけて、この地域は製糸工場地帯が形成されていった。

瀬谷地域などの発展の一方、神奈川県下では東海道線、横須賀線、横浜線などの鉄道網が急速に整備されていくが、県中央部の交通機関はいまだ整備されないままだった。そのため、人々が遠出する際には馬車を利用するしかなく、物質輸送には不向きだった。県中央部の交通機関として、鉄道敷設への熱が次第に高まっていった。

このような背景から、1915（大正4）年に県中央部の有志23名が「神中軌道敷設特許請願書」を鉄道院に提出。同書には横浜地区と厚木周辺を結ぶ計画が記されており、現在に残る相鉄本線を敷設した経緯がうかがえる。

翌年軌道敷設の許可が出て、1917（大正6）年に創立総会が開催された。総会の決議で瀬谷銀行頭取の小島政五郎が社長に就任する。「神奈川県中央部を貫く」軌道として、「神中軌道」を発足。1919（大正8）年に神中鉄道に名称変更した。

旧神中線　各駅開業年数表

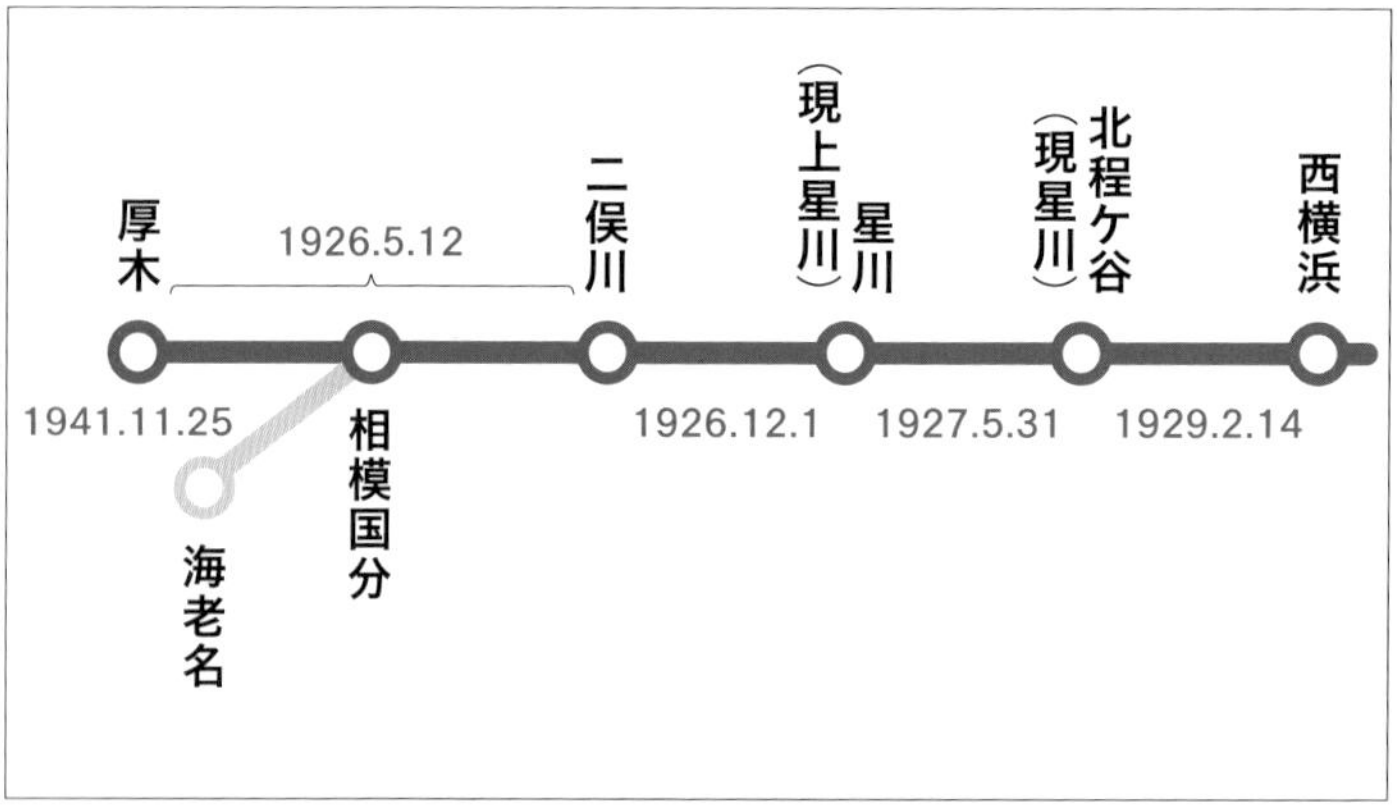

神中鉄道となった約7年後に二俣川〜厚木駅間が開業。その後まもなく星川駅まで延伸されている（『相鉄100年史』を参考に編集部作成）。

帽子を脱いだ素顔は……？

相鉄に入社してから広報担当として精力的に活動を行っている相鉄のキャラクターそうにゃんだが、２０１８（平成30）年には絵本デビューを果たした。

１作目『そうにゃんとえきいんさん』は、そうにゃんが駅員さんたちと出会い、一緒に暮らすなかで自分の家族を探しにいくというもの。今ではなかなか見ることができない、帽子を脱いだそうにゃんを見ることができる絵本だ。

続く2作目は『そうにゃんとえきちょうさん』。この絵本では、そうにゃんが相鉄の社員を目指すきっかけとなった物語が語られている。２作ともそれぞれ発売を記念してサイン会が行われ、多くの人がそうにゃんを一目見ようと訪れた。

そして、待望の3作目がこの春発売された。その名も『なんじかにゃ？』は、そうにゃんと一緒に鉄道の安全を支える仕事を知ってもらえる内容になっている。今回、発売を記念したイベントはサイン会ではなく、二俣川駅にあるＳＯＴＥＴＳＵ ＧＯＯＤＳ ＳＴＯＲＥ（相鉄グッズストア）にて「そうにゃんの絵本クリアファイル」を、横浜くりこ庵 横浜西口店および二俣川店の2店舗限定で「そうにゃん焼き」を発売した。

購入は通販でも可能だが、取り扱う実店舗は1作目の頃より大幅に増え、現在はそうてつローゼン全店舗でも購入することができる。

より利便性の高い運行ダイヤを目指して

相鉄では長らく「急行」と「各停」の2種別で運行を行ってきた。急行は１９６４（昭和39）年から運行を開始し、横浜〜二俣川駅間はノンストップで運行、それより先は各駅停車となっている。この2種別を同数運行させることで運用能率を上げ、乗客にもわかりやすいダイヤとして利用されていた。

１９９９（平成11）年にいずみ中央〜湘南台駅間が完成したことを機に、「快速」を設定。これを利用すれば、二俣川駅での乗り換えせずにいずみ野線方面へ行くことができる。また、快速の登場によってこれまで急行に偏りがちだった利用者流動を分散することにも成功した。

その後、２０１４（平成26）年に改正されたダイヤでは横浜方面への利便性を高める「特急」が新設された。これまで二俣川駅より西にある駅は各停だったが、特急では通過運転区間を設けることによって、横浜までの所要時間をぐっと短縮した。今では、「通勤特急」「通勤急行」も新設されている。

　２０１７（平成29）年には、天王町～星川駅間の下り線高架化完成によりこの区間の徐行が解除されたことを機に、運転時分の見直しが行われた。特急運行時間帯を拡大し、朝のラッシュ15分、日中30分、夕方のラッシュ20分サイクルのダイヤを設定。これにより、ＪＲ直通ダイヤの予定本数に適応する準備を整えた。２０１９（令和元）年に相鉄・ＪＲ直通線が開業し、「ＪＲ直通 特急」と「ＪＲ直通 各停」が誕生している。

　相鉄はこれまでも、利用者の声を吸い上げダイヤに反映してきた。星川駅や鶴ヶ峰駅には区役所の最寄り駅であることから、１９９９年に快速を設定した際も停車駅としたり、２００９（平成21）年のダイヤ改正では２００６（平成18）年のダイヤ改正で取りやめていた星川駅での快速と各停の接続を復活。また、日中時間帯を21分として所要時間の増加を抑えたダイヤに変更した。しかし、毎時の各駅発車時刻が不均等となり利便性の悪さがわかると、その次にダイヤ改正を行った２０１２（平成24）年には、星川駅での快速と各停の接続は残したうえで、20分サイクルへの見直しを行っている。

　相互直通運転により利便性が高まり、所要時間もぐっと縮まって便利になったが、細やかなダイヤ改正によってその効果はますます高まるのである。

年	ダイヤ改正内容
1964（昭和39）年	急行の運行開始。 横浜～二俣川駅間はノンストップ、以西は各駅停車
1999（平成11）年	いずみ中央～湘南台駅間開業。「快速」を新設。 いずみ野線方面へ乗り換えなしで運行。星川駅と鶴ヶ峰駅は停車
2000（平成12）年	快速は星川駅で各停と接続
2003（平成15）年	日中時間帯はすべて10分サイクルに変更。 各停は横浜～二俣川駅間での運行とした
2006（平成18）年	快速の運行時間帯を夕方以降にも拡大 横浜～大和駅間の各停も快速にあわせて20分サイクルで運行
2009（平成21）年	日中時間帯を21分サイクルとし、所要時間の増加を 抑えたダイヤに変更。星川駅で快速と各停の接続を復活
2012（平成24）年	相互直通事業の進捗に伴い、西谷駅の待避線が使用できなくなる。 これを受け、朝ラッシュ時間帯の快速運行中止。 日中時間帯のダイヤを20分サイクルに修正
2014（平成26）年	「特急」を新設。 二俣川駅以西にも通過運転区間を設け、所要時間の短縮を図る
2015（平成27）年	朝ラッシュ時間帯のピーク前後に特急を計4本設定、 特急運行時間帯を拡大
2017（平成29）年	朝～日中時間帯で特急運転を実施。 朝ラッシュ時間帯に15分サイクルを設定
2019（令和元）年	JR線との直通運転が始まる

参考文献

『相鉄七十年史』（相模鉄道）
『相鉄グループ100年史』（相模ホールディングス）
『相鉄グループ要覧』2019-2020、2020-2021（相鉄グループ）
『相鉄瓦版』257号、260号、262号、263号、266号（相鉄グループ）
『鉄道ダイヤ情報』1996年9月号（交通新聞社）
『鉄道ピクトリアル』1976年5月号（電気車研究会）
『鉄道ピクトリアル』2009年9月号（電気車研究会）
『鉄道ピクトリアル』2014年8月号（電気車研究会）
『鉄道ピクトリアル』2018年5月号（電気車研究会）
『鉄道ピクトリアル』2019年6月号（電気車研究会）
『私鉄の車両20 相模鉄道』（ネコ・パブリッシング）
『関東の私鉄格差』小佐野カゲトシ（河出書房新社）
『相鉄線物語』サトウマコト（230クラブ新聞社）
『相模鉄道 街と駅の1世紀』生田誠／山田亮（彩流社）
『相模鉄道 相鉄の過去・現在・未来』広岡友紀（キャンブックス）
『地図と鉄道省文書で読む私鉄の歩み 関東（3）京成・京急・相鉄』今尾恵介（白水社）
『日本の私鉄 相模鉄道』広岡友紀（JTBパブリッシング）
『週刊 歴史でめぐる鉄道全路線 大手私鉄』07号（朝日新聞出版）
『相模鉄道 街と鉄道の歴史探訪』山田亮 生田誠（フォト・パブリッシング）
『鉄道ファン』1972年10月号（交友社）
『鉄道ファン』1976年1月号（交友社）

［監修］生田 誠
1957年生まれ。東京大学文学部卒業。産経新聞記者を経て、地域史・絵葉書研究家に。『ロスト・モダン・トウキョウ』（集英社）、『東急電鉄 街と駅の1世紀』『名鉄名古屋本線』『名鉄の支線、廃線』（アルファベータブックス）ほか著書多数。

岡田 直
1967年生まれ。横浜都市発展記念館主任調査研究員（学芸員）。京都大学大学院修士課程修了。専門は人文地理学。書籍編集者を経て現職。共著に『地図で楽しむ横浜の近代』（風媒社）、監修書に『京急沿線の不思議と謎』（実業之日本社）、『地図で読み解く小田急沿線』（三才ブックス）などがある。

［構成・編集］オフィス三銃士
［執筆協力］楠居利彦、栗原景、大木不二、二布祐果
［デザイン］長久雅行
［企画・進行］廣瀬祐志
［写真提供］（50音順）生田誠、大幡哲海、荻原二郎、楠居利彦、相鉄グループ、Photo AC
［協力］（50音順）楠居利彦、栗原景、相鉄グループ
［取材協力］相鉄グループ
ご協力頂いた皆様に心より感謝申し上げます。

相鉄大全

2020年10月1日 初版第1刷発行

監修 生田誠／岡田直
編集人 廣瀬祐志
発行人 廣瀬和二
発行所 辰巳出版株式会社
〒160-0022 東京都新宿区新宿2丁目15番14号 辰巳ビル
TEL 03-5360-8961（編集部） 03-5360-8064（販売部）
URL http://www.TG-NET.co.jp/

印刷所 三共グラフィック株式会社
製本所 株式会社セイコーバインダリー

本書の内容に関するお問い合わせは、
FAX（03-5360-8073）、メール（info@TG-NET.co.jp）にて承ります。
恐れ入りますが、お電話でのご連絡はご遠慮下さい。

定価はカバーに表示してあります。

万一にも落丁、乱丁のある場合は、送料小社負担にてお取り替えいたします。
小社販売部までご連絡下さい。

Printed in Japan
ISBN978-4-7778-2643-8